PÍLULAS DE SAÚDE ESPIRITUAL

EDITORA EME

Solicite nosso catálogo completo, com mais de 500 títulos, onde você encontra as melhores opções do bom livro espírita: literatura infantojuvenil, contos, obras biográficas e de autoajuda, mensagens espirituais, romances palpitantes, estudos doutrinários, obras básicas de Allan Kardec, e mais os esclarecedores cursos e estudos para aplicação no centro espírita - iniciação, mediunidade, reuniões mediúnicas, oratória, desobsessão, fluidos e passes.

E caso não encontre os nossos livros na livraria de sua preferência, solicite o endereço de nosso distribuidor mais próximo de você.

Edição e distribuição

EDITORA EME

Caixa Postal 1820 - CEP 13360-000 - Capivari - SP
Telefones: (19) 3491-7000/3491-5449/(19) 99983-2575 WhatsApp
vendas@editoraeme.com.br - www.editoraeme.com.br

PÍLULAS DE SAÚDE ESPIRITUAL

JOSEVAL CARNEIRO
WALTER HART

Capivari-SP
- 2015 -

A Editora EME mantém, ainda, o Centro Espírita "Mensagem de Esperança", colabora na manutenção da Comunidade Psicossomática Nova Consciência (clínica masculina para tratamento da dependência química), e patrocina, junto com outras empresas, a Central de Educação e Atendimento da Criança (Casa da Criança), em Capivari-SP.

1ª edição - novembro/2015 - 2.000 exemplares

CAPA | Rafael S. Gatti
DIAGRAMAÇÃO | Victor Augusto Benatti
REVISÃO | Rodrigues de Camargo
Rubens Toledo

Ficha catalográfica elaborada na editora

Carneiro, Joseval, 1941 e Hart, Walter, 1962
Pílulas de saúde espiritual / Joseval Carneiro e Walter Hart - 1ª ed. nov. 2015 - Capivari, SP : Editora EME.
200 p.

ISBN 978-85-66805-70-3

1. Autoajuda. 2. Textos motivacionais. 3. Conselhos salutares. 4. Roteiro de vida. I. TÍTULO

CDD 133.9

Sumário

Anexo I (Textos de Joseval Carneiro)

Anexo II (Textos de Walter Hart)

Anexo III (Prece de Joseval Carneiro e psicografia de Terezinha Menezes Café)

A recomendável leitura de *Pílulas de saúde espiritual*

HÁ UNS SEIS ANOS eu estava na *Livraria Saraiva do Shopping Barra,* olhando um livro, folheando outro, sem ter uma definição sobre determinada obra, gênero, autor ou título para efetuar a compra.

Na realidade minha pretensão era adquirir algum compêndio para ocupar e preencher meu tempo ocioso em decorrência das minhas constantes noites indormidas pelas longas e tormentosas esperas do sono que, muito embora tenha a obrigação biológica de vir visitar diariamente a todos nós, no entanto, comigo tem sido sistematicamente moroso, retardatário, sempre chegando com acentuado e irritante atraso.

Naquela livraria, lá estava eu nessa procura à toa, por nada específico, todavia, pelo menos, queria algo que me despertasse atenção ou um interesse inicial qualquer, para motivar-me à compra.

Por acaso, deparei-me com uma obra literária cujo autor é o professor Joseval Brito Carneiro, um velho conhecido da nossa família. Em meus devaneios, dei um breve mergulho no passado, vindo-me à lembrança reminiscências da nossa mocidade.

Nossos pais eram maçons, amigos, e deles herdamos a nossa amizade. Seu genitor (Dr. Durval Carneiro) era coronel PM, professor universitário e advogado criminalista, famoso Tribuno do Júri.

Desconhecia essa sua qualidade de escritor. Foi uma surpresa agradabilíssima. Não hesitei. Adquiri de imediato aquele exemplar e fui dando risadas, feliz, de retorno para a minha casa e, no trajeto, ia dizendo para mim mesmo que o serôdio Morfeu (Deus do sono) poderá hoje demorar-se à vontade, pois teria como esperá-lo sem aborrecer-me.

A curiosidade não me deixou esperar pela insônia que sempre invadia pela madrugada adentro, atormentando-me. Logo após o *Jornal Nacional da Globo* debrucei-me, ávido, na leitura envolvente de Dr. Joseval.

Apenas duas noites foram suficientes para devorar o seu adorável livro. Fiquei ciente de que aquela era a oitava publicação de sua autoria. Sem dúvida alguma, temos de reconhecer que é uma produção literária digna de louvor.

Desde quando atingíramos a idade adulta que não mais tínhamos nos visto. Naquela mesma semana fui procurá-lo para apresentar-lhe meus parabéns pela exuberante obra. Fiquei realmente impressionado com a desenvoltura e maestria com que ele abordava os assuntos, discorrendo sobre os diversos temas que trazia à lume naquela coletânea, demonstrando, convincentemente, profundo conhecimento de causa a respeito daquelas matérias. Incrível.

A tônica daquela sua exposição se concentrava em enfoques de situações do cotidiano comum, dos nossos costumes e modo de ser, observando-se uma discreta tendência de conotação religiosa espiritualista.

Chamou-me atenção também sua hábil técnica em envolver e prender o leitor, sobremodo, pela linguagem escorreita com construções fraseológicas bem formuladas, utilizando-se de um vocabulário simples e acessível, sem a mínima afetação, diferenciando-o daqueles intelectuais do seu porte que costumam empregar expressões boçais e pernósticas em seus escritos.

Este seu novo livro - *Pílulas de saúde espiritual* - que está sendo lançado, é outra joia do mesmo quilate. Um bálsamo reconfortante para quem o ler. Ensina-nos a enfrentar e como vencer os problemas da vida.

Somente um cérebro iluminado como o de Joseval Carneiro poderia produzir algo tão educativo e interessante, numa formidável conjugação das doutrinas cristã e espírita, inspiradas na cultura bíblica, transportando-as para o nosso cotidiano num estudo comparativo dos males terráqueos que nos afligem, orientando com refinada sutileza e utilizando uma forma magistral de como combatê-los, tendo suas orientações a força similar a de um poderoso antídoto a fulminar as nossas agruras, stress, depressões que trazem reflexos diretos e altamente negativos em nossa massa corpórea, física e orgânica. Induvidosamente, cura-nos.

Na sua leitura aprendi como a mente, com seu estado psíquico em aceleração e com intranquilidade se reflete, negativamente, em nosso corpo, comprometendo até a vida.

Seus ensinamentos ministrados com simplicidade na análise dos problemas que a todo instante nos deparamos nas corriqueiras relações humanas do dia a dia, lembrando que nem sempre agimos com o bom-senso e a cabeça racional, porém, por ímpetos, arroubos, emoção, sentimentos estes, censuráveis e, não raras vezes, dando vazões a inveja, ambição, ingratidão, egoísmo, luxúria, dos quais não devemos nos vangloriar, se acaso os tivermos praticado.

Tinha, seguramente, uns 25 anos que não nos víamos. O destino, que só a Deus pertence, proporcionou-me esse prazeroso reencontro que muito bem fez ao meu estado d'alma e psique. Que bom saber do seu sucesso tão brilhante, que muito mais se realça em razão de se tratar de uma pessoa simples, com destacadas virtudes: prestativo, tratável, versátil nas mais variadas atividades profissionais abraçadas, desempenhando, todas elas, com exímia desenvoltura e reconhecimento público.

Em cada atitude sua, vislumbramos uma virtude. Os atos a que assim denomino é porque não se acham na conformidade da natureza humana. Segundo *Tolstói* (escritor, filósofo e político russo), *"a simplicidade é um atributo dos grandes homens"*. Este pensamento se encaixa, como mãos em luvas, à sua admirável pessoa.

Apesar de termos ficado distantes, um do outro, por um bom espaço de tempo, contudo, pela imprensa, ficava sabendo da sua destacada desenvoltura, mundo afora.

Joseval Carneiro, à minha semelhança, é graduado em direito na década de 60, quando fomos contemporâneos na Universidade Federal da Bahia, e exerce ele a advocacia como Titular de conceituado escritório; foi Conselheiro Estadual da OAB BA e presidente da Cooperativa Bancária dos Advogados. É Diretor Jurídico da Associação dos Funcionários Públicos do Estado da Bahia (AFPEB); Consultor e Perito de Relações de Trânsito Urbano. Foi Diretor do Departamento de Trânsito do Distrito Federal (Brasília) e do DETRAN BAHIA; Delegado de Polícia Civil do Quadro de Carreira da SSP-BA, aposentado; ex-oficial da briosa Polícia Militar-BA; Professor Universitário; Palestrante Profissional; Literato com 12 livros de sua lavra; jornalista e autor de dezenas de artigos publicados sobre palpitantes matérias momentosas que, na ocasião, despertavam o interesse público; médium, doutrinador espírita, filantropo por índole.

Sinto-me orgulhoso em pertencer ao círculo de amizades dessa excelente criatura humana que é, além de honrado e vaidoso pelo privilégio que me concedeu em poder apresentar esse modesto comentário a respeito da sua profícua obra literária, notadamente *Pílulas de saúde espiritual* cuja aquisição recomendo, e aquele que se dedicar à sua leitura estará se autopresenteando com o engrandecimento de sua cultura pessoal e aprendendo a ter, consigo mesmo, um salutar bem-estar, com leveza d'alma, proporcionando-lhe uma vibrante alegria de viver e ser feliz.

Genaldo Lemos do Couto
Diretor de Relações Jurídicas Internacionais da
Federação Nacional de Advogados
Presidente do Sindicato dos Advogados no Estado
da Bahia.
genaldolemos@yahoo.com.br

Só uma mensagem

A PRESENTE OBRA ENCANTOU-ME, desde as suas primeiras linhas, porque consegui recebê-la e compreendê-la como um doce e eficaz medicamento para a saúde espiritual e mental!...

Cada capítulo constitui, realmente, uma pílula de contentamento e estímulo, para repensarmos os nossos passos, as nossas atitudes, os nossos pensamentos. Seus autores, Joseval Carneiro e Walter Hart, estavam inspirados em elevadas nuvens de energia positiva quando escreveram, transferindo-nos, da espiritualidade maior, uma das maiores lições do Cristo:

"Amarmo-nos uns aos outros - conhecendo-nos a nós mesmos".

E logo em sua introdução, encontramos o seguinte questionamento:

"O que é que pode existir de comum entre filosofia e psicanálise?

A primeira questiona o homem e o mundo em que vive.

A segunda questiona a própria criatura humana e sua relação com o meio e as pessoas ao seu redor.

Conhecer a si mesmo é o objetivo de ambas."

Fantástico! Estou extasiada com tudo o que li. Embebida em esperança e discernimento. Precipuamente, porque um dos graves erros do homem moderno é não ser capaz de voltar-se para si mesmo, conhecendo-se melhor, para que possa, a partir daí, conhecer melhor aquele que ao seu lado está.

Walter Hart, amigo de longa data, é médium, acostumado a psicografar inúmeras mensagens portadoras de estímulo e amor! ... Sua vida tem sido, ao longo do tempo, servir aos mestres espirituais que o guiam em incansável norteio para o auxílio fraterno.

Admiro-o extremamente! ... Tanto pela sua persistência e perfeccionismo em tudo o que realiza, como pela dignidade com que transfere a todos nós o melhor que doa de si próprio através de seu trabalho. Ele é, realmente, uma antena espiritual a captar o que de melhor há no outro plano - *o plano superior* - para nos ser transferido.

Está sempre firme em seus propósitos, todos dignos de auxílio aos que dele necessitam. E nunca ouvi de sua boca reclamação que fosse por qualquer missão que do alto lhe tenha sido confiada.

Que Deus o ampare e o faça permanecer sempre perto de nós. E esta obra é, creio eu, a primeira de muitas outras que virão, trazendo-nos mensagens cada vez mais recheadas de positividade, abrindo-nos uma capacidade cada vez maior de autorreflexão.

O Dalai Lama nos faz refletir com a seguinte lição de vida:

"Desenvolver força, coragem e paz interior demanda tempo.

Não espere resultados rápidos e imediatos, sob o pretexto de que decidiu mudar.

Cada ação que você executa permite que essa decisão se torne efetiva dentro de seu coração."

Sim, cada ação e pensamento nosso é uma pílula de saúde espiritual, se gerados forem dentro de nós com positividade e transmitidos aos outros com as melhores intenções. E se assim agirmos, cada ação nossa atuará positivamente não somente nos outros, mas, também, dentro do coração de cada um de nós, o que levará, indubitavelmente, algum dia, à paz interior que tanto buscamos. Contudo, é preciso paciência. Pílula por pílula. Ação por ação. Pensamento por pensamento!...

A saúde será restaurada em nosso interior e no outro, como se fosse uma pílula de cura altamente poderosa!

Vamos nos nutrir com estas pílulas de saúde espiritual que nesta bela obra nos são ofertadas, de forma, carinhosa e amorosa por seus autores.

E volto a afirmar que me sinto agraciada com tantas mensagens magníficas, outorgando-nos uma lição de vida simples, sem complicações, para nos tornarmos alguém melhor.

Salvador, 08 de novembro de 2015.

Gardênia Pereira Duarte
Desembargadora
Tribunal de Justiça – Estado da Bahia.

Introdução

A ERA QUE ESTAMOS vivendo ensejou ao homem uma série de confortos e facilidades, em face do avanço tecnológico. Contudo, ao lado dessas grandes conquistas, trouxe, também, uma gama variada de patologias e problemas os mais variados.

O homem moderno tem andado a braços com a depressão, a síndrome do pânico, as fobias e um sentimento generalizado de angústia que o martiriza cotidianamente.

O que é que pode existir de comum entre as duas ciências: filosofia e psicanálise?

Sabemos que a primeira questiona o homem e o mundo em que vive. A segunda questiona a própria criatura humana e sua relação com o meio e as pessoas ao seu redor.

Conhecer a si mesmo é o objetivo de ambas.

Neste livro, os autores propõem um diálogo franco, leve e didático, oferecendo ferramentas salutares para uma vida melhor e mais tranquila.

Joseval Carneiro e Walter Hart, elaborando conceitos simples do dia a dia, pautados em experiências próprias e por meio de pesquisas, de pensamentos, teorias e impressões desenvolvidas por grandes nomes da filosofia e da psicanálise, conclamam os leitores a desenvolverem o pensamento crítico, aprendendo, com isso, a serem melhores.

Pílulas de saúde espiritual ensejará a você, prezado leitor, momentos agradáveis e de rápida assimilação, por se tratar de uma obra direta, concisa e estimulante.

A ideia dos autores não é oferecer ao público mais um livro de autoajuda, já que muitos há nas grandes livrarias. Ao conceberem a presente obra, tiveram em mente fatos corriqueiros do cotidiano, visando uma consulta rápida e dinâmica daqueles que irão deliciar-se com a leitura.

Acostumados a uma vida de reflexão, porque embasados em atividades profissionais que os direcionam a ouvir pessoas nas mais diversas situações e idades, além de larga vivência na doutrina espírita, Joseval Carneiro e Walter Hart vêm realizando excelentes atividades na ação social, não só nos cursos e seminários que realizam, mas, sobretudo, nas palestras doutrinárias para onde o público acorre, já que são bastante concorridas.

Oxalá possa esta leitura oferecer grandes ensinamentos, facultando aos seus leitores abrir o coração e a mente em direção a dias melhores.

Boa leitura!

1

Mrs Nat King Cole[1]

Critique menos, trabalhe mais. E não se esqueça nunca de agradecer.

Aristóteles (360 a.C.)

A NOITE JÁ SE aproximava lentamente, naquela tarde invernosa, e o povoado demorava-se a aparecer no horizonte, quando um dos pneus do carro furou de repente.

A senhora nunca trocara antes um pneu e não sabia como fazê-lo. Além disso, chovia fino e o frio aumentava gradativamente.

Em sua volta, o matagal parecia-lhe mais perigoso do que realmente era. Suspirou e orou.

Subitamente parou ao seu lado uma moto. Assustou-se, quando o homem pardo dirigiu-se a ela, acalmando-se, logo em seguida, ao perceber sua voz meiga, feição preo-

---

1 Algumas lendas foram escritas em torno da senhora Maria Cole, viúva do cantor Nat King Cole, que viveu muitos anos após a morte do marido, no Hospital de Santa Mônica, em 1965.

cupada e gestos largos de quem se propunha em ajudá-la. Aquiesceu, agradecida.

O jovem forte logo resolveu o tormentoso problema que a afligia tanto naquele entardecer. Perguntou-lhe, gentilmente, quanto era o serviço. E ele respondeu-lhe, ternamente:

— Mais adiante, quando a senhora deparar-se com alguém que precise da sua ajuda, faça o mesmo.

E seguiu viagem, despedindo-se com um aceno.

Aliviada, mas ainda tensa, a dama continuou sua pequena viagem, parando no primeiro vilarejo que encontrou, deparando, logo na entrada, uma pequena lanchonete, onde se sentou, pedindo um cafezinho para refazer-se do angustiante problema anterior.

Mas, notando a barriga avançada da jovem balconista, perguntou-lhe, curiosa, para quando seria o parto. E ela respondeu-lhe, atenciosamente, que já estava quase na hora.

A dama saiu sem esperar chegar a conta que solicitara, colocando uma cédula de cem (100) dólares, em um guardanapo de papel, onde deixara escrito:

— Fique com o troco e nem precisa agradecer. Mais adiante, quando deparar-se com alguém que precise, faça o mesmo.

Ao chegar à casa, a jovem já encontrou o marido, a pequena moto estacionada à porta, abraçando-o carinhosamente, contando o fato alegremente. Ele respondeu, agradecido:

— Agora já temos condições de pagar ao obstetra e receber o nosso primeiro filhinho, felizes.

2

Dorina Nowill

Agradeça por tudo que está em sua vida neste momento, inclusive a dor.

Aristóteles (360 a.C.)

AOS 13 ANOS, QUANDO São Paulo se levantava pela constitucionalização do país, na ditadura Vargas, no que ficou conhecida como a Revolução de 1932, ou Constitucionalista de São Paulo, Dorina Nowill, como faziam outros jovens voluntários, costurava uniformes e recolhia sabonetes e cigarros para os briosos soldados que se opunham à perpetuação no poder.

Aos 17 anos, passando à porta de um cinema onde era levado um musical *A melodia da Broadway*, desejou assistir, mas acabou deixando para outra ocasião, o que não aconteceu, pois depois de alguns dias lhe sobreveio súbita cegueira.

Mulher extraordinária, não se abateu. Aprendeu o método *Braille*, de leitura para cegos, voltando a estudar, sendo a primeira aluna cega matriculada em um curso para estudantes de visão normal.

E verificando que eram poucos os livros disponíveis para cegos, no mercado, ela própria resolveu produzi-los, com ajuda de voluntários, manufaturando textos. E em 1946, ano da edição da Constituição esperada, criou a Fundação do Livro do Cego no Brasil, hoje Fundação Dorina Nowill, embarcando em seguida para os Estados Unidos, onde se aperfeiçoou, vencendo o descrédito de todos, onde obteve ajuda e a doação de maquinário especializado.

Seu sonho era incluir os deficientes visuais no mercado de trabalho. Antes do seu encontro com seu avô, Edward Nowill, que não conhecia ainda, esse lhe disse ao telefone:

— Será que você vai gostar de mim?

E ela retrucou, brincalhona:

— Não tem importância. Eu sou cega mesmo...

Sua projeção no Brasil levou-a a exercer cargos importantes na República, como Secretária da Educação do Estado de São Paulo e Diretora do Departamento de Educação Especial para Cegos.

E, apesar de colocar o cargo à disposição dos governantes que mudavam, foi mantida durante 11 anos no cargo, chegando até a ocupar o honroso cargo de presidente do Conselho Mundial dos Cegos.

Era notável sua habilidade em lidar com as mãos, capazes de detectar pequenos defeitos em peças de roupa, posto que severa e exigente. Mas o que mais chamava a atenção era a sua alegria de viver, de se arrumar para ir ao teatro, frequentar todos os lugares. Aliava sua persistência incomum à generosidade no trato com as pessoas.

O ponto culminante de sua projeção deu-se quando foi designada a proferir o discurso na Assembleia Geral das

Nações Unidas. Demonstrou o quanto pode a força de vontade, o desejo de vencer, a necessidade imperiosa de dar-se, em servir ao próximo.

3

Nicolas Winton

A grandeza não consiste em receber honras, mas em merecê-las.

Aristóteles (360 a.C.)

COM APENAS 29 ANOS de idade, passando férias na Checoslováquia[2], então sob o domínio nazista, em plena guerra, Nicolas Winton preocupou-se com o destino de milhares de crianças judias, que, ante a fúria de limpeza racial, pudessem ser vítimas naquele prenúncio de holocausto.

Buscou ajuda, escrevendo para vários países, até que Inglaterra e Suécia aceitaram receber as crianças. E, assim, antecipando-se aos horrores dos fornos crematórios, conseguiu retirar 669 crianças do país, hoje denominado República Tcheca. Crianças que nunca mais veriam seus pais, apenas com um documento de identidade no bolso, sem saberem, ao menos, o nome do benfeitor.

Terminada a guerra, após estudarem e se diplomarem nas mais diversas profissões, esses "órfãos da guerra" de-

2 Hoje República Tcheca. (Nota do revisor)

cidiram buscar, com os remanescentes familiares, saber do destino dos seus pais. A grande maioria fora sacrificada no horroroso holocausto. Souberam ainda que um senhor modesto e anônimo, Nicolas Winton, arriscando a própria vida, providenciara retirá-los do país, mandando-os para fora da área conflagrada. Outras 200 crianças não tiveram a mesma sorte, pois o regime endurecera, não mais permitindo a remoção a qualquer título.

Uma emissora de televisão conseguiu identificar a todos e os reuniu em um amplo auditório, convidando, também, o generoso senhor Winton, surpreendendo-o com uma inesperada e justa homenagem de todos, que ali o ficaram conhecendo, aplaudindo-o demoradamente de pé.

Enxugando as lágrimas, que lhe escorriam pela face já madura pelo tempo, respondeu simplesmente que nada fizera, pois apenas intentara aquilo que os outros julgavam impossível.

4

Ryan Hreljiac

Muitas coisas, boas ou más, poderão acontecer em sua vida. Mas, oportunidades são únicas. Não as desperdice. Aproveite-as.

O GAROTO CANADENSE RYAN Hreljiac, depois de ouvir na sua escolinha, aos 6 anos de idade, a professora referir-se às crianças que morriam de sede no continente africano, chegou em casa impressionado e foi logo falar à sua mãe.

— De que forma eu poderia ajudar aquelas crianças?

A mãe, com dificuldade para responder àquela questão, diante de um menino ainda tão jovem, apenas murmurou algumas palavras.

— A professora disse que um poço artesiano, com água em abundância, custaria 70 dólares — acrescentou o garoto, propondo a sua mãezinha trabalhar em casa para juntar tal soma e assim enviá-la para sua Embaixada, a fim de abrir um poço.

Mas, ao atingir a importância, foi informado que não era bem aquele preço, mas que chegaria a 2.000 dólares. O entusiasmo do rapazinho não arrefeceu. Convenceu as demais crianças do bairro a fazerem o mesmo, trabalhando e ajudando em casa, a fim de resolver o problema.

O poço foi, finalmente, aberto, em Uganda, em 1999, e hoje esses poços somam mais de 400 em várias partes da África, num exemplo do quanto pode o esforço e a dedicação de uma pessoa em favor do próximo.

Atualmente, Ryan é estudante de Engenharia Hidráulica, apaixonado pelo fornecimento de água a quem precisa. O precioso líquido, cada vez mais poluído, será em futuro próximo objeto dos maiores cuidados, pois que muitos ainda sofrem com a falta da água em todo o Globo.

5

Touradas não mais

Quando o homem ignora a Natureza,
esta o desconhece.

A COMUNIDADE DA CATALUNHA, na Espanha, acaba de votar uma lei que proíbe as exibições de touradas em praças públicas para diversão dos aficcionados.

O espetáculo deprimente constitui uma agressão aos atuais foros de moderna civilização cristã, ao sacrificar animais para deleite do homem.

O touro é preparado para o sacrifício, inoculando-se azeite nos olhos, para perturbá-lo, e deixado preso em ambiente escuro, com sacos de areia amarrados no seu dorso, para ficar exausto e assustado.

As pontas dos chifres são serradas, colocando-se nos cascos das suas patas um líquido ardente que o incomoda e faz movimentar-se agitadamente, para dar a impressão de valentia e arrojo e emocionar a plateia ansiosa por emoções.

E seu suplício termina com o toureiro enfiando vários tipos de espadas e lanças, contundentes, que lhe atravessam órgãos vitais, até o momento final, quando, caído e morto, é arrastado para fora da arena, sem forças, mas ainda vivo.

Outros esportes perigosos são causas de mortes, mas humanas, como o *hoquei* sobre patins, em que as quedas atingem pescoço e cabeça dos desportistas, lesionando e até matando. E no *rugby* (futebol americano), os acidentes não são menos graves, pelas lesões que causam na cabeça, pescoço, coluna e ombros do jogador, tal a violência do impacto com que se chocam os jogadores. Sem contar o boxe, que de 1890 a 2007 matou 1.465 lutadores!

Recentemente, um jovem, Jefferson Gonçalo, organizou um torneio, e quando ele próprio lutava, nos Estados Unidos, aos 29 segundos do quinto *round,* caiu desmaiado, atingido por um forte soco, e, embora atendido e submetido à delicada cirurgia, não resistiu e morreu.

Há algum tempo um guia turístico levou um grupo de japoneses para uma tourada, na Espanha, e quando os visitantes viram o toureiro lancetar o touro nas costas, levantaram-se e saíram silenciosamente do estádio, demonstrando constrangimento.

6

Baseball

Os seres humanos que se apegam demasiado aos valores materiais são obrigados a reencarnar incessantemente, até compreenderem que ser é mais importante que ter.

Buda (563-493 a.C.)

O *BASEBALL* É UM jogo muito praticado nos Estados Unidos, que consiste em um jogador arremessar uma bola em direção a outro do seu time, que a rebate, com força, contando o tempo para o adversário ir buscar a bola.

Quanto mais longe for arremessada a bola, mais difícil ao adversário recuperá-la. Portanto, o esporte exige, para um, velocidade na corrida, e, para o outro, força e precisão na batida do taco de madeira contra a bola arremessada.

Pois bem! Um homem visitava seu filho, com problemas de coordenação motora e locomoção na área desportiva da sua escola, quando divisou o grupo se organizando para escalar os jogadores.

Mesmo sabendo que seu filho não tinha chances, dadas

as dificuldades físico-neurológicas, inscreveu-o no grupo de reserva, só pra ele vestir a camisa do time e sentir-se desportista por um momento. O grupo percebeu a intenção do pai amoroso em agradar ao filho querido.

A partida seguia, com um dos lados predominando sobre o outro, como acontece sempre. Subitamente, faltando alguns pontos para terminar o jogo, um dos grupos chama o menino deficiente para entrar em campo.

Os demais jogadores, adversários, perceberam a "jogada" dos bondosos companheiros. E, no momento de rebater, o jogador usou o taco levemente, arremessando a bola o mais perto possível, de forma que o garoto pudesse ir buscá-la mais facilmente. E ele assim o fez, pegando-a e marcando ponto favorável.

Logo, logo, terminava a partida, os times concorrentes desprezando a oportunidade de uma disputa acirrada, deixaram aquele menino jogar e "marcar" seu ponto. Encerrada a atividade desportiva, o pai correu para o filho, abraçando-o, congratulando-se pela vitória, da mesma forma que os outros garotos igualmente o faziam.

Foi, sem dúvida, um belo dia. Um exemplo de solidariedade e boa prática desportiva. Aquela felicidade jamais se apagaria da memória da criança deficiente. E nunca sairia, também, da cabeça do seu amantíssimo pai, aquele gesto generoso dos colegas de escola do seu filho.

7

Mary James

A violência é uma enfermidade social.

Divaldo Pereira Franco

A DISCRIMINAÇÃO RACIAL NOS Estados Unidos da América do Norte ainda não havia recebido a intervenção providencial de John Kennedy, na Lei dos Direitos Civis, que retirou os odiosos impedimentos de brancos e afrodescendentes frequentarem as mesmas escolas, usarem o mesmo veículo coletivo, mormente nos estados sulinos e outros de forte atividade agrária.

Daí avulta a importância do memorável gesto de Mary James. Negra e pobre, laborando nos campos algodoeiros da Carolina do Norte, neta de escravos, ela havia recebido uma bolsa de estudos para concluir o curso fundamental. A segunda bolsa, em Chicago, no pórtico principal da escola se lia: *Entre para aprender, saia para servir*. Surgia, assim, a primeira professora negra nos Estados Unidos.

Na Califórnia, onde a jovem professora passou a morar, sabendo da presença do grande industrial Henry Ford, hospedado em um luxuoso hotel, onde negros não tinham acesso, foi ao seu encontro, buscando ajuda para construir um sonhado estabelecimento escolar só para atender aos afrodescendentes.

Uma recepcionista, da sua cor, informou-lhe que não seria possível o seu acesso ao estabelecimento, muito menos avistar-se com Mr. Ford.

Mary não se deu por vencida. Subiu pela escada externa de incêndio, até o nono andar, adentrando pela janela, surpreendendo a segurança, que a interpelou imediatamente, fazendo surgir o Sr. Ford, que indagou o que estava acontecendo e, por que motivo uma negra havia tido acesso ao prédio.

Mary James respondeu-lhe amavelmente, dizendo que também era branca, e apontou para os seus dentes e para o globo dos olhos. Ele sorriu e disse:

— Muito bem, em que posso servi-la?

Ela respondeu-lhe, um tanto autoritária:

— Quero que venha comigo até um terreno onde pretendo que o senhor construa uma escola para as crianças da minha cor.

Ele assentiu. Desceram juntos pelo elevador luxuoso e tomaram o carro conversível. O senhor Ford mandou o motorista seguir para o endereço por ela indicado. Foram parar numa lixeira pública. Ante o espanto do industrial, ela redarguiu:

— É aqui mesmo. Quero que o senhor me ajude a construir o meu prédio para minhas crianças negras como eu.

Impressionado com a disposição daquela senhora, Henry Ford autorizou imediatamente a obra, e nascia, ali, a primeira escola para afro-descendentes, por onde iriam passar, nos anos seguintes, 10 milhões de alunos.

Certa feita, internada com apendicite, o médico recusou-se em atendê-la, porque era negra. Ela implorou a Deus que ele a atendesse, prometendo a si mesma, caso ficasse bem, construir uma universidade para afrodescendentes. E assim o fez. A primeira universidade para pessoas afrodescendentes!

Foi a Washington (no Distrito de Columbia, D.C.), na Casa Branca, buscar recursos para suas obras. O Presidente respondeu-lhe que naquele momento não seria possível, pois enfrentavam uma guerra, onde os recursos estavam escassos. Mas ela o convenceu. E o dinheiro saiu. Mary James explicou-lhe que, desde jovem, nas roças de algodão, como costureira, dava um terço do que recebia para educar as crianças negras. Era o poder do amor, contaminando as pessoas com quem ela mantinha contato. Teilhard de Chardin dizia que o homem dominara tudo, mas faltava dominar o amor.

Em Salvador, Bahia, subúrbio ferroviário, Vera Lacerda implantara uma banda com meninos de rua, em aterro social, surgindo, assim, o famoso grupo musical Araketu. Ali, com as crianças pobres do subúrbio, edificou um empreendimento social dos mais nobres, com ensino profissionalizante.

O psicólogo Roberto Assagiolli informa que a paz se acha no encontro do "eu" superior com o "eu" inferior. Construir escolas, em vez de presídios, dizia um filósofo.

No século XXI, mais de 20 milhões de pessoas ainda estão em guerra.

Finalizando um curso ministrado na Academia da Polícia Civil, de Administração Policial, a que atendi, nos anos 70, Mr. Robert Barnes pediu aos alunos que apontassem — e ele anotava no quadro de giz — as principais aspirações da classe. Venceu, em primeiro lugar, não salários, mas o "reconhecimento". Todos anelam por ver seu valor reconhecido. Precisam de carinho, de amor, afinal.

8

Bondade sempre

Resolva hoje os problemas, posto que amanhã surgirão outros novos.

PESSOAS HÁ PORTADORAS DE imenso coração, que semeiam amor, como pétalas de rosas lançadas ao vento, cujo perfume sempre lhes resta nas mãos.

O dr. Henrique Prata construiu em Barretos, famosa cidade paulista que abriga eventos hípicos de repercussão mundial, o Hospital de Câncer, hoje maior referência nacional, que oferece, gratuitamente, atendimento de ponta a mais de 3 mil pacientes por dia.

As despesas, para manutenção do hospital, chegam a 14 milhões de reais, soma que o doutor Prata arrecada com doações e ajuda governamental, buscadas pessoalmente por ele, tarefas ao lado da sua bem-sucedida atividade.

Rodrigo Baggio, preocupado com jovens pobres do Rio de Janeiro, montou na favela Dona Marta um programa de treinamento, gratuito, preparando técnicos em informática, *designers* e até produtores de vídeo, experiência vitoriosa que conta hoje com mais de 1.000 professores, espalhados em mais de 800 localidades pobres em 14 estados brasileiros, já beneficiando 1,3 milhão de pessoas.

O conhecido jogador de futebol Raí, ídolo do *Paris Saint-Germain,* no auge de sua carreira afastou-se dos gramados, passando a dedicar-se, juntamente com seu colega e amigo Leonardo, à organização Gol de Letra, que mantém projetos educacionais para crianças carentes.

A instituição já atendeu mais de 5 mil jovens, entre 7 e 24 anos de idade, na Vila Albertina, em São Paulo, e no Caju, bairro do Rio de Janeiro. A obra social é mantida com recursos dos próprios fundadores e outros obtidos no Brasil e no Exterior, e recebeu, mais recentemente, 100 mil euros de uma entidade filantrópica francesa. Segundo declarações de Raí, a iniciativa veio diante de sua indignação ante as desigualdades de oportunidades.

A paulista Carmo Sodré, 58 anos, divide seu tempo de trabalho como administradora de cinco propriedades da sua família, com o preparo de artesãos em todo o país. Carmo já formou, pela ArteSol, 92 associações desse tipo, com 5 mil profissionais, beneficiando mais de 20 mil pessoas, a partir de recursos públicos e doações de gente bondosa como ela.

A carioca Ivonne Mello, 63 anos, responsável pelo Projeto Ueré, saindo diariamente do seu confortável apartamento no Aterro do Flamengo, diretamente para a Favela da Maré, onde há mais de 12 anos educa crianças com dificuldades de aprendizado, recolhe anualmente 460 mil reais em doações, desde que passou a amparar meninos de rua, que circulavam em torno da Igreja Candelária.

Wellinton Nogueira, 63 anos, mais conhecido como Doutor Alegria, professor de inglês, que sonhava um dia ser ator na Broadway, veste-se de palhaço, entretendo crianças portadoras de graves enfermidades, internadas em hospitais norte-americanos, juntamente com outros palhaços-médicos.

Wellinton diz-se especialista em "Bestiologia", dirigindo uma organização brasileira, similar, com recursos orçamentários anuais de mais de 5 milhões de reais, atendendo em mais de 15 hospitais, nas cidades de São Paulo, Belo Horizonte e Rio de Janeiro, com mais de 800 mil crianças atendidas. Ele declara, orgulhoso, que é preciso aplicar a especialidade médica "Bestiologia" às crianças enfermas, até que não mais saibam o que é ficar triste. "É um remédio para a vida toda", conclui satisfeito.

O paulistano Fábio Bibancos, 46 anos, dentista de *socialites* e artistas, frequentando com regularidade as colunas sociais, comanda uma *Turma do Bem*, fundada em 2002, que já atendeu a mais de 15 mil crianças, não só no Brasil, como em outros nove países da América Latina e em Portugal, com mais de 8 mil dentistas credenciados na organização filantrópica, gratuitamente, como condição única que seja matriculado em escola pública e ter entre 11 e 18 anos de idade, considerada a gravidade da situação e as condições socioeconômicas dos pais.

O goiano Clóvis Brito, 29 anos, formado em Relações Internacionais, trabalha gratuitamente, com sua "Operação Sorriso". Clóvis dedica-se às crianças portadoras de lábios leporinos (ou defeituosos), o que mexe diretamente com a autoestima delas. A doença atinge 280 mil pessoas, entre crianças e adultos, numa proporção de uma em cada 650.

Fundada nos Estados Unidos, em 1982, chegou ao Brasil em 1997 e hoje está presente em 54 países. Em nossa terra já atende a mais de 3,5 mil crianças. Além da cirurgia, a organização garante assistência com fonoaudiólogos. Ele sintetiza o prazer de servir com uma frase: "Passar batom era um sonho distante, mas que se tornou realidade".

Vindo de férias, de São Paulo, em visita à sua terra natal, Recife, essa viagem iria transformar a vida de Marcos Magalhães. Vendo o estado deplorável em que se achava sua antiga escola, convenceu um grupo de empresários a investir na restauração do prédio.

Marcos ficou tão contente com o resultado, que criou o programa Corresponsabilidade para a Educação, conclamando a iniciativa privada a dar as mãos em favor de escolas públicas, realizando o milagre da elevação do ensino.

Após convênios privados e acordos com o poder público, aumentou o salário dos professores, imprimindo maior aplicação nos trabalhos escolares. As crianças ingressam pela manhã, saindo à tardinha, modelo que ele ampliou, após aposentar-se, para os estados do Ceará, Piauí e Sergipe, envolvendo 270 escolas, beneficiando 150 mil estudantes.

São exemplos extraordinários do quanto pode a vontade humana, com amor e credibilidade.

9

Rita Levi

RITA LEVI NASCEU NA Itália, mas, de origem judia, teve de escapar, com sua família, para os Estados Unidos, dada a perseguição étnica promovida pelo Terceiro *Reich* (novo estado alemão).

Sentia-se feia e diminuída perante os demais irmãos. Por isso, mergulhou em si mesma, dedicando-se de corpo e alma aos estudos, notabilizando-se no campo das pesquisas científicas, onde pontificou com uma importante tese sobre o crescimento das células neuroniais (*New grow TH Factor*), o que lhe valeu um Prêmio Nobel, obtido aos 77 anos de idade, em 1986.

Como Albert Schweitzer, que se internou nas selvas de Lambarene, na África, para estudar as doenças tropicais e ajudar à humanidade, Rita Levi escolheu o caminho do serviço, da solidariedade, da pesquisa e da caridade.

Muitas pessoas se desesperam com as condições que a vida lhes impôs. Outras, em vez de lançar impropérios contra o Criador, decidem dedicar-se à humanidade, esquecendo-se de si mesmas, tornando-se úteis e incorporadas no rol dos que deixaram marcas indeléveis em favor do próximo.

Dizemos sempre que quem enxuga as lágrimas do outro, não tem tempo de sentir as suas. A humanidade, vez por outra, vê-se aquinhoada com espíritos ditosos, portadores de uma missão superior, trazendo desenvolvimento, tecnologia, ciência, que vão acelerar o crescimento e o progresso dos povos.

Divaldo Franco informa que cerca de 200 mil espíritos de escol estão reencarnando no Planeta, para ajudar na fase de transição por que ora passamos.

Outros, por renitentes no erro e na maldade, não mais permitida a reencarnação, estão sendo direcionados para planetas menos ditosos, a fim de contribuir para a evolução desses orbes mais primitivos, como aconteceu à Terra, que recebeu os migrantes de Capela (na constelação do Cocheiro), que tanto contribuíram para o nosso progresso moral.

Assim foi para que a Terra iniciasse mais uma etapa na sua marcha em busca de um novo patamar, o estágio que Allan Kardec chamou de mundo regenerado, degrau que se segue ao de planeta de provas e expiações, em que nos encontramos agora.

Segundo informações dos espíritos superiores, o processo de transição de um para outro estágio já se iniciou. Até lá, choro e ranger de dentes, como anunciaram os profetas Enoque e Isaías, no *Antigo Testamento*. E como também advertiram outros profetas do *Apocalipse*, além das previsões de Nostradamus, do Calendário Maia e do médium Edgard Cayce, nos Estados Unidos. Até lá, orar e vigiar, mudar o comportamento, adequar-se aos novos tempos, para integrar a aristocracia intelecto-moral, de que nos falava Kardec.

10

Quem foi Jesus

A libertação do desejo conduz
à paz interior.

Lao-Tsé

NÃO ERA ECONOMISTA, MAS revogou a lei da redução crescente, ao multiplicar os pães e peixes.

Não era químico, mas transformou água em vinho.

Não era professor, mas o chamavam de Mestre.

Não era empresário, mas o chamavam de Senhor.

Não tinha exércitos, mas o temiam.

Não era médico, mas curava.

Não era mágico, mas levitou sobre as águas.

Não era prestidigitador, mas reapareceu, depois de morto, exibindo as feridas do martírio a que fora submetido, como prova aos incrédulos.

Poderoso, previu sua prisão e a *via-crucis*, suplicando fosse afastado aquele cálice de fel; mas, forte, deixou que concretizasse a ignomínia injusta.

Ele foi a mais sublime criatura que o Pai nos enviou à Terra, para nos servir de exemplo, edificar uma doutrina de salvação.

Sofreu as maiores humilhações, sem murmurar. Padeceu os maiores suplícios, sem reclamar. Impingiram-lhe as maiores injustiças, sem que se queixasse.

Somente fez o bem, sem olhar a quem. Disseminou doçuras, por onde passou, espalhou bondade com quem se relacionou.

Curou aos cegos e aos paralíticos. Perdoou e ensinou a perdoar. Amou e demonstrou como amar. Fez-se homem, padecendo na carne as vicissitudes terrenas.

Jesus veio para nos mostrar, demonstrando. Educar, exemplificando. Amar, amando. Vivendo para a vida imortal, retornando.

Legou-nos a Segunda Revelação, duradouro remédio para os nossos males, complementando a tarefa dos primeiros reveladores, profetas e missionários, e deixando preparado o terreno para a Terceira Revelação, os evangelizadores redivivos, com a plêiade de espíritos benfeitores, incumbidos de apoiar o Codificador na hercúlea tarefa de transmitir o monumento megalítico da informação, da luz, da verdade cristã.

Jesus é para os cristãos o caminho, a verdade, a vida.

11

Cuidado com esse vírus

O homem de bem exige tudo de si próprio.
O homem medíocre espera tudo dos outros.

Confúcio

CUIDAMOS SEMPRE DOS VÍRUS que visitam, pela internet, nossos computadores. Contratamos serviços preventivos que os impeçam de adentrarem os nossos sistemas eletrônicos. E, mesmo, nós "deletamos", sob simples suspeita, aqueles que se apresentam na telinha.

Entretanto, dispensamos poucos cuidados com aqueles outros vírus, muito mais maléficos, que assomam nossas mentes, penetram em nossos arquivos cerebrais, frequentam o nosso pensamento, causando-nos transtornos no espírito, com reflexos perigosos em todo o nosso ser.

Veja alguns:

Sempre/Nunca

Não há *sempre* nem *nunca*. Tudo se transforma. Somos metamorfose em ascensão ao infinito. Evoluímos sempre, em matéria e em espírito. Não se estratifique. Abra-se às novas ideias e às transformações que se operam, diariamente, não apenas nos milhões de células que morrem, a cada segundo, como nas mudanças de hábitos e procedimentos, muitas vezes inconscientes, que se operam no campo do espírito, o ser imortal que habita temporariamente o invólucro carnal.

Negativismos

Pense positivamente. Pensamentos bons atraem bons presságios. Acredite no próximo, que caminha ao seu lado. Creia em Deus, que quer o melhor para todos. Aposte no bem.

Pessimismos futuros

Tenha um projeto de curto, médio e longo prazo, na certeza de que, mesmo nos eventuais desalentos, momentâneos desacertos, você é fadado ao crescimento, somando experiências, boas ou más, mas sempre crescendo.

Desconfiando sempre

Melhor do que viver em eterno conflito, preferível sofrer eventual desencanto, surpresa, decepção, que serão ocasionais, até que se descubra, pelo experimento desastroso, o real e bom caminho, posto que aquilo que semear terá de colher, pela lei de causa e efeito, e todos tendem a melhorar-se. Confie sempre.

Sensações ruins, tipo déjà-vu.

As lembranças desagradáveis do passado servem como experiências vividas, mas não como causa de temores e medo. Apague os receios da memória. Pense no reto, no bem. Como ao jogar a bola do boliche, mire no que pretende acertar e não na possibilidade do desacerto. Da mesma forma ao arremessar a bola ao cesto.

Troque o *ter* pelo *ser*

O *ter* é eventual. O *ser* é definitivo. Os bens materiais podem ser consumidos ou roubados. Os imateriais a traça não corrói, nem o tempo destrói. Conquistas simples, como a capacidade de resistir, o aprendizado da renúncia, o valor do amor, a beleza do gesto de servir, são gratificações que se incorporam ao nosso patrimônio imaterial. Troque o *ter* pelo *ser*. E seja feliz.

Clichês

Ideias fixas ou preconcebidas imprimem desolação. Ante a certeza inconveniente, gerada, conduz a um desânimo. Apague os *clichês* sobre fatos ou pessoas, acreditando que somos um mundo em mutação, sempre para melhor.

Personalização

Não se creia centro do Universo. Não acredite que as coisas negativas são direcionadas à sua pessoa. Ao contrário, pense que tudo labora em favor do bem. Distribuindo perfumes, restam gotículas nas mãos dos que semeiam. Faça a sua parte, sem esperar retorno. Aja no bem, mesmo que barreiras invisíveis do outro lado tentem impedir-nos de atingir o nobre objetivo.

Culpa no outro

Examine cuidadosamente onde reside a culpa. Prefira fazer um esforço hercúleo para suprimir eventuais falhas no seu comportamento, posto que assim estará subindo aos páramos do crescimento e do progresso. Prefira isso a reter-se na apreciação das vicissitudes alheias. Creia no bem, soberano, que preside todas as coisas. Perdoe sempre, inclusive a si mesmo, pois o maior juiz de nós mesmos é a consciência implacável nos acusando. Seja flexível com você mesmo, admitindo as nossas fraquezas naturais, que nos incitam a uma reformulação constante.

Imediatismos

Não espere vitórias de curto prazo. O Criador faz planos de longo prazo. Acredite na Escola da Vida, que não se resume em uma única existência. Arar, gradear, semear, esperar e colher, são etapas que muitas vezes demandam trabalho constante, na certeza da inexorável colheita no bem.

12

O homem do futuro

Escolha um trabalho que ame, e não terá que trabalhar um único dia em sua vida.

Confúcio

A NOSSA MENTE, INFANTIL, sempre foi povoada de super-heróis, como o homem aranha, capaz de galgar prédios, deslocar-se em fios que ele mesmo tece, em velocidade atordoante.

Ou o super homem, peito de aço, visão de raios-X, capacidade de voar, pairar acima da Terra, imune aos ataques físicos. Ou, ainda, o homem invisível, não percebido pelos sentidos humanos, que não respeita paredes e obstáculos físicos.

E, que tal se isso existisse mesmo? E, se, ainda, fôssemos capazes de reter tais atributos inimagináveis?

Pois bem: Isso é possível. Não é algo cibernético, para um futuro incerto, imaginário. É algo real, que está em nós e ainda não descobrimos.

Tenho dito nesta obra, e em outras, que religião e ciência aproximam-se cada vez mais. A ciência vem atestando verdades que a religião anunciou há milênios e tratamos como artigo de fé. Exemplos: a cura pela oração, o poder da prece, a vantagem fisiológica do perdão e do otimismo. E tantas outras.

Agora gostaria de falar-lhes de poderes (sobre) naturais que possuímos e não detectamos. O homem é capaz de desdobrar-se em sonho, viajar no espaço, com a velocidade do pensamento, aparecer em outros lugares, planar acima dos obstáculos terrenos, ingressar em aposentos fechados, transpondo portas e obstáculos físicos, prever o futuro (profetas e médiuns).

Poderes de retrocognição e clarividência (passado e futuro). Perceber o que se passa em torno de um objeto material apenas pelo toque (psicometria). Deixar-se permear por outra energia inteligente, outro espírito, desencarnado, mais de um ao mesmo tempo, que lhe toma as mãos, escrevendo, de um lado, poesia, e, do outro, prosa, como Chico Xavier, no programa Pinga-Fogo, da TV Tupi. Escrever o que ditam os espíritos (psicografia) em idiomas que desconhece. Proceder à escrita especular (de trás pra frente).

Ver o macrocosmo, em viagens por desdobramento, em visita a planetas outros. Ou, em visão microcósmica, divisar micro-organismos, depois comprovado por exames laboratoriais e microscópicos. Demonstrar conhecimentos que transcendem o aprendido na presente existência e formular, enquanto criança, questões que ultrapassam, em muito, os conhecimentos "adquiridos".

Impor as mãos, como um mágico, e delas desprender energias curativas. Jesus curou a cegos e paralíticos e até fez reviver aqueles em morte aparente. E disse que poderíamos fazer aquilo e muito mais, desde que tivéssemos a fé do tamanho de um caroço de mostarda.

Então, esse super-homem existe em você e aflorará mais dia, menos dia, a depender do seu desenvolvimento moral-espiritual. Dispensará alimento material, suprindo de energias, tal qual um *robocop*. E o sono, posto que não mais terá necessidade de repor energias materiais. Um ser super-ativo, super-inteligente, aproximando-se da divindade ("Sois deuses", disse Jesus).

Basta querer, adequar-se, caminhar na trilha que ele nos ensinou. Pode demorar um pouco. Mas, necessariamente se chega lá, nas muitas moradas que o Pai nos disponibilizou.

13

Seja mais você

O que ouço, esqueço. O que vejo, lembro.
O que eu faço, aprendo.

Confúcio

UMA PROFESSORA DE FILOSOFIA ensinava a seus alunos que eles não eram o que pensavam ser, nem o que os outros pensavam que eles fossem, mas o que eles achavam que os outros pensavam que eles eram verdadeiramente.

Quer dizer, comportamo-nos de acordo com o padrão social, como as outras pessoas admitem, com um procedimento socialmente aceitável, conforme os padrões ou costumes locais.

E, às vezes, agimos com um verniz, que aparentemente engana, mas que com um ligeiro convívio, como, por exemplo, entre cônjuges e filhos ou na parentela de um modo geral, passamos, subliminarmente, o que verdadeiramente somos. Procuramos a todo custo "vender" uma boa imagem.

Diz-se, vulgarmente, que poucos podem enganar a alguns durante algum tempo. Mas que é impossível enganar a todos o tempo todo. Diremos: o impossível é enganar-se a si mesmo.

Não é preciso mostrar a própria intimidade, exibi-la. Mas, também não é certo viver-se duplamente, demonstrando o que não é. Preferível que assumamos nossos equívocos, buscando incessantemente a reforma íntima, confessando nossas fraquezas, mas aliando uma firme convicção de que procuramos conter inclinações más e modificar a nós mesmos. Dessa forma, arejamos a mente, esvaziamos as culpas íntimas, elevamos a autoestima.

Deixe que aqueles que o cercam percebam como você é e permita-lhes que o ajudem, sinceramente, com a crítica construtiva, sobretudo amorosa. Por exemplo: em vez de dizer "esse vestido está horrível em você", assinale: "você ficaria bem melhor naquele outro".

Não existe Juízo Final, nem Tribunal Divino, para julgar os nossos atos. O julgamento está em nós mesmos, a cada dia.

Devemos expurgar as nossas culpas, ou pelo arrependimento, ou pela prática de atos que redimam eventual conduta desairosa ou culposa. A cada dia, minuto e segundo. Com reflexão. Sem deprimir-se ou amofinar-se, pois caminhamos para o Alto, a partir da identificação do erro em que incidimos, eventualmente, e a vontade de não mais repeti-lo ou, até corrigi-lo. Pedindo desculpas sinceramente, ou promovendo ações benéficas em contrário, que elidam o malfeito.

Assim, seja você mesmo. Seja feliz.

14

Pensamento e saúde

É melhor acender uma vela do que amaldiçoar a escuridão.

Confúcio

A CIÊNCIA, PELOS NOTÁVEIS estudos universitários, a cada dia comprova mais e mais a repercussão sobre a saúde humana, dados os pensamentos que cada um nutre na sua jornada e em face dos afazeres.

Com efeito, a *ansiedade desmedida* — já que um pouco até faz bem — ativa a adrenalina, secretada pelas glândulas suprarrenais, reduzindo o calibre das artérias, aumentando a pressão cardíaca, sobrecarregando o coração, e, afinal, se constante, acaba por endurecer a parede dos vasos sanguíneos, provocando os temíveis acidentes vasculocerebrais, ou AVCs.

O *pessimismo exagerado* — posto que desconfiar um pouco faz parte do nosso cotidiano — influi diretamente nas funções digestivas, ocasionando retardos e má-digestão.

O *medo e a revolta*, quando desabridos — visto que certa

cautela, como canja de galinha, não faz mal a ninguém –, ensejam úlceras gástricas e duodenais.

Ao contrário, a tranquilidade, o otimismo e a coragem fortalecem o ânimo, ajudam no vigor físico, favorecem o equilíbrio emocional, ajudam na boa saúde mental.

A sintonia com encarnados em desequilíbrio potencializa desarmonia. Da mesma forma que a atração entre encarnados e desencarnados, dadas as vibrações do mesmo nível, perturbam a sanidade e o equilíbrio, afetando a individualidade e o livre-arbítrio.

Não é sem razão que os romanos cunharam a máxima *similia similibus curantur*, ou seja, semelhante cura semelhante, ou, ainda, os iguais se curam, segundo a tese da homeopatia, desenvolvida pelo estudioso Hahnemann.

No Evangelho de Jesus encontramos alguns antídotos, que são considerados artigos de fé, mas que a ciência vem emprestando cunho de condutas terapêuticas para uma vida saudável. Verdadeiras joias, esquecidas ou não bem aplicadas, como "perdoar setenta vezes sete", que significa esquecer a ofensa.

Ou ainda aquele preceito que ensina voltar a face ao agressor. A metáfora, volver a face, quer dizer relevar inteiramente a agressão, sem aplaudi-la. Tanto que Jesus, diante de Pilatos, ao ser esbofeteado pelo injusto soldado romano, indagou, altivo: "Por que me bateste?" A pergunta deixou em dificuldades o governador da Judeia e o próprio agressor, por ato indevido diante da autoridade.

Ser humilde de espírito. Amar ao próximo como a si mesmo. São condutas do Evangelho, que o Doce Rabi da

Galileia nos legou, supremo médico e terapeuta da humanidade, que usava a sua pedagogia, compatível com o seu tempo, para ministrar lições maravilhosas, que atravessaram os séculos e os milênios. A terapia das palavras passa por esses ensinamentos.

15

Sugestões para viver melhor

O homem realmente culto não se envergonha de fazer perguntas aos menos instruídos.

Lao-Tsê

VAMOS ENUNCIAR AQUI DEZ sugestões de bem viver.

Reduza as preocupações

Muitos elevam pequenos problemas à maior potência, emprestando-lhe valor desmesurado. Comece por resolver pequenos problemas, que aos poucos os outros diminuirão de tamanho.

Administre o problema imediatamente, pois no dia seguinte virão outros novos. Elimine preocupações.

Ao fazer compras, verifique realmente suas possibilidades, para que o prazer do bem adquirido não se transforme em pesadelo.

Examine suas necessidades. Em alguns casos não precisamos de tudo aquilo que compramos. Conheço um cidadão que anotava as preocupações numa caderneta, e não se dispunha a começar a resolvê-los, chegando a um ponto insuportável, um verdadeiro fardo, que carregava debaixo do braço. Não arquive problemas.

Controle o medo

O medo se reveste de pegajosa substância imaterial, que envolve o ser aos poucos, tomando, de repente, o seu integral controle e, muitas vezes, irradiando-se para terceiros. O passado, já passou. O futuro, ainda não chegou. O presente, este vamos viver (e resolver) hoje, agora...

Comece com a sincera disposição de efetivamente encarar e resolver. Não deixe para amanhã. Não jogue pra debaixo do tapete. Não fuja da realidade. Encare e resolva.

Erradique o rancor

Perdoar é esquecer. Virar a página. O rancor mantido reabre as feridas sempre que se apresenta a pessoa ou o fato que o motivou. A *psique* humana é dotada de mecanismos que nos faz relembrar fatos agradáveis, como festa de casamento ou aniversários, mas produz esquecimento salutar das coisas que ferem e maltratam. Ajude sua mente: Esqueça!

Enfrente um problema de cada vez

À medida que começamos a resolver pequenos problemas, os demais nos parecerão mais fáceis. Resolvendo um a cada tempo, teremos mais chances de sermos bem-sucedidos na sua solução.

Faça o melhor de si mesmo. Empenhe-se. O que não for possível, paciência. Entregue a Deus. Ou ao destino. Ou ao tempo. Não "embole o meio de campo". Desanuvie a sua mente. Os generais diziam: "Dividir para vencer!"

Não leve problemas para a cama

Permita-se um sono tranquilo e reparador. Não leia assuntos que venham perturbar sua mente ao deitar-se. Conquanto os problemas assolem a sua mente, ao ir para a cama, "consulte o travesseiro", isto é, deixe que a noite ajude a solvê-los. Quem sabe, no desprendimento do sono, acodem-nos soluções inesperadas?

Algumas vezes, como advogado, eu enfrentava cruciais problemas, de difícil solução, não fazendo a menor ideia de como equacionar, e, no dia seguinte, ao acordar, estava com a solução na cabeça.

Não compre problemas dos outros

Carpe diem. A expressão latina é sábia. Chore os problemas do dia. Mas os seus. Às vezes, por misericórdia e solidariedade, encaramos os dos outros. Mas, preferentemente, curta só os seus. Cada qual, cada qual. São carmas diferentes. Destinos diferentes. O fardo está conforme nossas forças para carregá-lo. Para um pé doente, um sapato torto, diz o popular.

Viva o presente

Não fique remoendo o passado. Cada coisa em sua época. Cada problema em seu momento. As experiências são lições vividas. O aprendizado é que fica.

Aprenda a escutar

Em teste de seleção para voluntários da CVV - Centro de Valorização da Vida, que atende, por telefone, gratuitamente, a pessoas em conflitos, os escolhidos foram os que mais sabiam escutar.

Em verdade, somos dados a falar mais que escutar. E, por isso, tornamo-nos desagradáveis aos olhos dos outros. Precisamos desenvolver técnicas que estimulem o outro a falar mais de si e de seus problemas. Porque, os nossos a nós pertence, tão somente. Escutar é uma arte. E um aprendizado constante. Mesmo se o interlocutor aparentemente não tenha nada a ensinar.

Não se abata

Mantenha-se firme, otimista, altivo. Não se deixe quedar em desânimo. Amanhã será outro dia. Olhe para trás e veja que você já teve problemas iguais ou piores. Veja, também, que pessoas há que desfrutam de problemas muito maiores que os seus.

Jesus não se queixou ante o travessão pesado que carregava, tampouco diante da coroa de espinhos na fronte, os látegos impiedosos nas costas, cuspe no rosto, pregões nas mãos e pés. Ao contrário, compreendeu e perdoou. As mentes fracas ou doentias merecem compaixão e perdão. Seja forte. Seja você mesmo.

Motive-se em face das realizações proveitosas

Pequenos ganhos, ou conquistas, elevam a autoestima, o justo orgulho de que nos falava Jesus. Antes de enfrentar grandes problemas, resolva os pequenos. Atividades como plantar uma flor, consertar um quadro na parede, sanar pequenos defeitos em equipamentos ou serviços domésticos, impulsionam a mente, fortalecem o espírito. Pequenas coisas, grandes resultados. Motive-se.

16

O amanhã pode esperar

Quem conhece os outros é sábio; quem conhece a si mesmo, é iluminado.

Lao-Tsé

VIVEMOS, ANSIOSAMENTE, O QUE está por vir, assumindo uma (pre) ocupação indesejável, com natural desgaste.

Esperamos, ansiosos, o resultado de um concurso, embora essa conduta em nada vá influir no resultado, posto que os dados já foram lançados.

Deitamo-nos, ansiosos, pela rápida chegada do amanhecer, e, nem mesmo sabemos curtir a cama macia, onde refazemos as energias despendidas durante o dia.

Olvidamos os afazeres do dia, (pre) ocupados com os do dia seguinte, estressando o organismo fisiológico.

Não observamos que mesmo as flores sabem esperar, calmamente, o desabrochar, lento e suave, para poder exalar seu agradável perfume.

Até o Sol, de tamanha grandeza, sabe esperar o dia e que o firmamento, matizado por estrelas brilhantes e iluminado pela lua resplandecente, faça-lhe a cortesia de recebê-lo. O astro-rei aguarda com naturalidade o amanhecer reluzente, inundando o orbe e espancando as trevas da noite vencida.

Saibamos dominar o corpo e a mente, controlar os nervos, disciplinar a ansiedade, para vivermos, calmamente, o dia a dia.

O passado ficou como lição dadivosa. O futuro, que ainda não chegou, a Deus pertence. Vivamos, intensamente, a hora presente, na certeza de que cada coisa virá a seu tempo.

17

Ansiedade e estresse

Quem conhece a sua ignorância revela a mais profunda sapiência. Quem ignora a sua ignorância, vive na mais profunda ilusão.

Lao-Tsé

UM CIRURGIÃO PLÁSTICO, INTRIGADO com a insatisfação de algumas clientes, passou a estudar psiquiatria, para, assim, tratar do corpo e da mente dos seus pacientes.

E, assim, descobriu que embora concentrado, por exemplo, no lançamento de uma bola na cesta de *basketball*, pouco adiantava olhar ansiosamente a trajetória, pois esta não se alteraria.

Verificou que ao atirar a lança, a distância, de nada valia permanecer estatelado na posição de lançamento, visto que aquela não mudaria a distância esperada.

Constatou que não lhe servia esfregar as mãos sofregamente, após atirar os dados na roleta, porquanto isso não influiria no resultado esperado do jogo.

Dessa forma, passou a tratar, concomitantemente, do

corpo e da mente das *cirurgizadas*, acalmando seus espíritos e produzindo bem-estar em suas mentes.

Com efeito, estressamo-nos inutilmente, buscando mudar o que não pode ser mudado. Ou, esperando demais, além da conta. Ou produzindo encargos para nós mesmos, de que nos arrependeremos amargamente.

"Pôr o chapéu onde o braço alcança" significa dizer assumir responsabilidades compatíveis com nossas possibilidades. Tanto financeiras quanto físicas.

Os anúncios publicitários e as vitrinas são convidativos ao estresse, na medida em que não usamos com comedimento e razão a liberdade de comprar ou adquirir.

De que adianta ufanarmo-nos de correr para uma liquidação, ou de obtermos parcelamentos de débitos, se isso vai constituir um prolongado estresse, pela permanência da obrigação?

Por que não nos acautelar com reservas financeiras, mínimas que sejam, mensalmente, para fazer frente a eventuais problemas, como um carro quebrado, um acidente, uma doença?

Cada um pode ser responsável por sua paz, sua tranquilidade, sua felicidade, na medida em que prudentemente organize sua vida.

18

Organize-se

Para ganhar conhecimento adicione algo todos os dias. Para ganhar sabedoria, elimine algo todos os dias.

Lao-Tsé

INDAGARAM AO FAMOSO JURISTA brasileiro Pontes de Miranda, cuja fama ultrapassava as fronteiras pátrias, como ele fazia para manter seus compromissos em dia, para dar conta de tantos encargos. Ao que ele respondeu, tranquilamente: "organização".

Com efeito, não cultivamos a organização. Deixamos de agendar os compromissos. Não anotamos as tarefas do dia seguinte. Não assinalamos, na agenda, obrigações por vencer.

Enfim, somos atropelados pelos fatos inapeláveis, que sucedem ao nosso dia a dia, perturbando a nossa mente e atravancando os passos.

Confiamos no acaso, desprezando a arrumação do tempo, surpreendidos pela fadiga e estresse daí gerados.

Acalentamos o relaxamento físico e mental, em detrimento da nossa paz duradoura, controlando os compromissos e regendo, adequadamente, a nossa vida, com um regramento natural, imposto pela nossa própria organização.

19

Estresse pós-traumático

Grandes realizações são possíveis quando se dá importância às pequenas coisas.

Lao-Tsé

A TRAGÉDIA DO *BATEOU Mouche*, que afundou na Baía da Guanabara, enseada que aformoseia as praias da cidade do Rio de Janeiro, quando transportava excesso de passageiros, no *reveillon*, mostrou, pelas telas da TV, o desespero dos que se salvaram, à procura dos seus parentes queridos.

O horror que mostravam na face espelha a aflição pelos entes queridos, que iria produzir sulcos profundos em suas mentes, com muita dificuldade, depois, para apagar as lembranças atrozes.

É o que se chama *estresse pós-traumático*, que acomete pessoas que se viram envolvidas em acontecimentos marcantes em suas vidas, com imagens fortes difíceis de se apagar, acarretando patologia específica que deve ser tratada com cuidado e atenções especiais.

Recentemente vivenciamos um fato dessa natureza, quando um jovem juiz, dirigindo seu veículo, conduzindo a esposa e um casal de filhos menores, se deparou com uma blitz policial, não por ele de logo detectada como tal, e imaginando tratar-se de mais um assalto, tão frequentes nessa modalidade na cidade do Rio de Janeiro, não se deteve, desviou o trajeto, esquivando-se e fugindo.

Mas, os policiais, à paisana, julgando tratar-se de bandidos em fuga, atiraram com seus fuzis potentes, varando a lataria do automóvel, o recosto do banco, atingindo o motorista à altura do ombro.

Ferido fortemente, o condutor prosseguiu na sua marcha, buscando um hospital, onde, afinal, chegou quase desfalecendo, colidindo o carro levemente, desmaiando em seguida, para desespero da esposa e filhos.

O fato, pelas circunstâncias, também marcou profundamente as mentes dessa família, acarretando um desassossego inusitado, com as imagens terríveis daquela noite fatídica, povoando suas vidas a cada instante.

Pessoalmente tivemos uma experiência desse tipo. Abordado enquanto parado à noite, em um sinal, dois homens apareceram em cada lado das janelas da camioneta *Pick-up*, cabine simples, apontando revólveres, anunciando o assalto.

Valeu-me, nesse instante, a experiência de Delegado de Polícia aposentado, mas, principalmente, a calma, herança genética da minha saudosa mãe, e o trato diuturno com a *psique* humana, quer como professor, quer como palestrante espírita.

Levantei imediatamente os braços, pedindo-lhes calma (quase sempre estão mais nervosos que o assaltado, quando não estão drogados).

Ingressaram na cabine, deixando-me entre eles, desconfortavelmente, rumando em disparada pelas vias de Salvador. Pedi-lhes calma, sugerindo que se houvesse acidente não atirassem em ninguém, parassem para ajudar.

Responderam que o carro era forte. Retruquei-lhes que era pesado e que poderia fazer estragos em alguém. Perguntaram se eu era barão, respondi-lhes que não, que era advogado, entregando-lhes meu cartão, colocando-me à disposição. Acharam aquilo estranho, dizendo:

— O senhor acha que nós o procuraremos?

Respondi-lhes que advogado, como médico, não entrega bandido.

Redarguiram, irônicos:

— Não somos bandidos...

Prosseguiram em velocidade, ingressando em uma rua estreita, deserta e escura, próxima a uma agência bancária, levando meu cartão e a senha, ficando o outro na caçamba, apontando a arma diretamente para minha cabeça.

E como demorasse e impacientasse o comparsa, ofereci a este outro cartão, que ele examinou, agradeceu e devolveu, dizendo: "Fique aí, não olhe pra mim, que vou sair e ir atrás dele."

Foi-se, levando meu celular, anunciando que deixaria a chave em cima do teto do último veículo estacionado naquela rua.

Saí dali são e salvo, com meu carro, documentos, inclusive um relógio *Rolex* que eles perguntaram e lhes informei que era um *Roskoff* (o que significa "sem valor"). Eles nem o haviam examinado, deixando-o comigo.

Parei no primeiro "orelhão", ligando para a família (já eram 21 horas, aproximadamente), e também para o Banco, cancelando o cartão (embora já houvessem sacado o limite legal para a noite). O fato é que não restou sequela alguma. Eu estava preparado para tais cometimentos. Física, mental e espiritualmente.

É claro que cada pessoa reage de uma forma diferente. Mas, no geral, na média, podemos preparar-nos. Sabemos que vivemos em uma sociedade industrial, onde os bens são oferecidos nas vitrines e anúncios atraentes, despertando desejos de *ter*. Quem assalta não é necessariamente necessitado. Em muitos casos, precisam de grana para adquirir drogas. Portanto, a calma é o mais importante.

Modular a voz, para não intimidar o assaltante, não encará-lo, para não julgar que vai descrevê-lo para a Polícia. Imaginar no assaltante um ser nervoso e em desespero por algo que busca alcançar. Mostrar compaixão e compreensão para o ato, demonstrando interesse pelo bem-estar e segurança do mesmo.

Dessa atitude, programada em sua mente, surge uma conduta mais ou menos estudada, não gerando desespero e aflição, que marcariam sua mente com estresse pós-traumático.

Mesmo nos acidentes de veículo ou marítimos, podemos imaginar a possibilidade, natural, de sua ocorrência, o que fazer, quais providências tomar. Ter uma ideia preconcebida do seu plano de saúde, do socorro de urgência, das técnicas de atendimento a pessoas em sua volta, principalmente crianças.

Afinal, essas coisas são passíveis de acontecer. Até mesmo a fatalidade da morte. Não é pensamento mórbido, mas a tranquilidade de que a qualquer momento podemos nos deparar com uma desencarnação súbita, passando-nos para o plano imaterial, já que a morte é um fato previsível e certo.

20

Corpo e espírito

Quando vires um homem bom, tenta imitá-lo; quando vires um homem mau, examina-te a ti.

Confúcio

O MÉDICO PSIQUIATRA JOSÉ Condotta, em interessante matéria divulgada na *Revista Internacional do Espiritismo*, faz um estudo comparativo das bulas dos remédios com a conduta humana desejável para gozar de bem-estar espiritual.

Com efeito, damos muito valor ao cultivo do corpo físico, fazendo musculações, alongamentos, *pilates*... Realizamos caminhadas diárias, ora para manter a forma, ora para apresentar aspecto estético eleito como desejável, ora para prevenir ataques cardíacos e outras patologias humanas.

Todavia, esquecemo-nos, quase sempre, de também preparar ou treinar o espírito, que, aliás, sobrevive à morte do corpo físico, a fim de edificar um ser pleno, ou – na linguagem de Divaldo Franco – integral.

Preocupamo-nos em acentuar o bíceps, ou o peitoral, fortalecemos as panturrilhas, reduzimos as estrias, eliminamos os "pneus" abdominais, as temíveis celulites. Mas não ligamos se desenvolvemos ódios e rancores, que desencadeiam toxinas, liberando a adrenalina, que endurece as paredes das artérias, dificultando a livre passagem do sangue, já estreitadas pelo acúmulo de gorduras, induzidas pelo colesterol, favorecendo os terríveis AVCs.

Eis aqui, aproveitando o trabalho do dr. Condotta, algumas sugestões de educação do espírito, de *A* a *Z*, como vitaminas espirituais:

Amor

Santo antídoto para vencer as nossas malquerenças, motivadas por inferioridades. O oposto do ódio, que enfraquece a mente e molesta o espírito. A síntese de tudo. No amor se concentra a grande maioria dos atributos edificantes, dos poucos que nomearemos a seguir.

Bondade

A bondade é uma qualidade que deve ser buscada no ser humano. Diferentemente do reino animal, que desenvolve as funções básicas, de alimentar, procriar e dormir, o homem é dotado de inteligência, com que escolhe seu destino, pelo livre-arbítrio, delineia seu progresso, exercita a bondade.

Caridade

Segundo o apóstolo Paulo de Tarso, tal virtude é a maior expressão da evolução e do progresso humano, pois fora dela não há salvação.

Doação

Que significa entregar-se ao próximo, ceder um pouco de si, abrir mão em favor do outro, desprender-se. Arte muito difícil, já que somos apegados às coisas materiais. O dinheiro, em si mesmo, é neutro. Não é bom nem mau. O que prejudica é o apego, a ganância.

Esperança

Virtude que deve ser cultivada, para manter o bom ânimo. O otimismo, já está comprovado cientificamente, prolonga a vida.

Fortaleza

Ao lado das ações que exigem esforço físico, imprimir retidão e vigor no pensamento, naquilo que projeta e faz. Sem esmorecimento.

Gratidão

Um dos maiores atributos do ser humano. Jesus, ao ser

visitado por um dos que curou, indagou: Onde estão os outros? (*quid alteri sunt*?). Mostrando o valor daquele que veio agradecer e a importância de demonstrar gratidão.

Humor

O bom humor favorece a liberação das endorfinas, tão necessárias ao bem-estar. Ao contrário do taciturno, do casmurro, do birrento, os bem-humorados estão sempre sorrindo, alegres com as mínimas situações, não incentivando a desarmonia nos hormônios produzidos pelas glândulas endócrinas.

Integridade

O homem íntegro é mais feliz. Sabendo-se que não praticou nem pratica ações de que possa arrepender-se, sendo íntegro nas mínimas situações, cria dentro de si uma satisfação íntima, uma autogratificação, que recompensa, em muito, o chamado sacrifício de conter o ímpeto de agir contrariamente às normas do bem viver e da moral sadia.

Justiça

Um bem que deve ser distribuído com equidade, a todos, é a justiça, conquanto a maior de todas elas seja a divina, que se faz inteiramente pelos processos de reencarnação, onde as contas Deve-Haver são contabilizadas "até o último ceitil".

Liberdade

De escolha. Livre-arbítrio. Cumprimento dos compromissos assumidos. A semeadura, do que realizamos, é livre. E a colheita, obrigatória, sem juros, mas com a certeza de que não ingressaremos no Reino da Paz enquanto não nos reconciliarmos inteiramente. Conciliar significa zerar as contas.

Misericórdia

Piedade para com o próximo. Compreender e aceitar as deficiências dos outros. Verificar um cisco em nossos próprios olhos, desprezando a trave, o argueiro, no do vizinho.

Natureza

Ame a natureza. Melhor, identifique-se com ela, como parte integrante da mesma. Absorva as suas energias, pois, como diz Léon Denis, parafraseando um pensador islamita, o homem dorme no mineral, desperta no vegetal, anima-se no animal e sublima-se no hominal.

Ordem

A desordem, tanto física, quanto mental, ocasiona distúrbios no dia a dia das pessoas. Perguntaram ao célebre jurista Pontes de Miranda o que fazia para conseguir realizar tantas coisas, e ele respondeu: Organização. É preciso disciplinar as tarefas. Ter agenda. Anotar compromissos. Não confiar tudo ao acaso, ou à mente.

Perseverança

Não desanimar. Prosseguir. Evitar a impetuosidade, o improviso, que são inimigos da evolução. Meditar duas vezes no que faz e quatro vezes no que escreve. Pensar. Equilíbrio no que realiza. Calma no que faz. Planejar e programar. Projetar na mente os sonhos que deseja edificar. E perseverar.

Querência

Quer dizer amizade, amor, aconchego. Palavra que significa tudo. Pois ao amar e querer, abrimos mão de nós mesmos.

Recordar

Rever amigos. Telefonar. Folhear álbuns, recordando bons momentos. Olhar fotos antigas.

Sorrir

É um bom remédio. Dilata os músculos da face, mas, sobretudo, fortalece os cardíacos, reduzindo o estresse. Rir-se das pequenas coisas, as mais banais. O presidente Geisel adorava ler a revistinha infantil *Tio Patinhas*. O presidente Figueiredo gostava de fazer pessoalmente supermercado. Encontrar prazer nas coisas triviais, como caminhar à beira mar, deixando as ondas molhar os pés descalços. Retirar pessoalmente os frutos de uma árvore. Regar algumas plantas ornamentais. Abrir as janelas e cortinas, deixando o sol adentrar a casa, ao amanhecer. Contar e escutar piadas. Enfim, de bem com a vida.

Tolerância

Tolerar é suportar com resignação e paciência as ofensas injustas, os despautérios, as agressões.

Universalidade

O universo conspira a nossa favor, pense no bem, seja fraterno, realize a paz e receberá tudo de retorno a seu benefício.

Vigor

Não só físico, mas, também, do espírito, posto que, amparados no amor, somos capazes de agir com vigor, retidão, perseverança.

Xodó

Não apenas um, do chamado amor. Mas xodó com tudo de bom que o rodeia: cônjuge, filhos, amigos. Sinônimo do amor universal, descomprometido com retorno. Amar, perdoando, até mesmo os inimigos, retirando a malquerença do coração. Esquecer o desafeto.

Yang

Na polaridade oriental, das energias, viva o *yang*, as forças interiores que harmonizam o ser em si mesmo.

Zelo

Zelar pelo próximo é zelar por você mesmo. Amando é que somos amados, segundo Francisco de Assis. Perdoando é que somos perdoados. Dando é que recebemos. Morrendo é que nascemos para a vida eterna.

Assim, ao lado do preparo físico, do *mens sana in corpore sano*, desenvolver, com o autotreinamento, as técnicas de crescer o lado espiritual, cultivando bons hábitos, reprimindo as más inclinações. Água mole em pedra dura, tanto bate até que fura.

21

Farmacoterapia

O coração do homem pode estar deprimido ou excitado. Em qualquer dos dois casos o resultado será fatal.

Lao-Tsé

SEMPRE QUE ADOECEMOS, BUSCAMOS o médico, que prescreve os fármacos necessários ao retorno da saúde orgânica. Todavia, estão à nossa disposição, elementos do comportamento, gratuitos, que não damos a devida atenção, e não sabemos usar com proficiência.

São os remédios:

Do amor, para com o próximo.
Da tolerância, em face dos desacertos do outro.
Da benevolência, por motivo de agressões injustas.
Do perdão, em razão das ofensas.
Da humildade, em confronto com a soberba e o orgulho.
Da caridade, ante os desafortunados.

Da misericórdia, defrontando vicissitudes humanas.

Esses medicamentos fazem um bem extraordinário ao espírito. E nem percebemos, muitas vezes.

E, como todo remédio, contêm sua bula, que explicita as informações ao paciente:

Ação esperada - Melhoria da qualidade de vida, do bem-estar.

Validade - Prazo indeterminado. Não tem vencimento.

Gravidez e Lactação - Não há contraindicação para jovens, adultos, idosos, lactantes e gestantes.

Administração - Pode ser ministrada imediatamente, dispensando o copo d'água ou agulha de injeção.

Interrupção - Interrompido o uso, pode ser retomado a qualquer tempo, sem problemas.

Reações adversas - Não há. Ao contrário, a reação é amplamente favorável à chegada de novos amigos, à sensação de bem-estar plena.

Interação medicamentosa - Não há. Pode interagir com outras condutas saudáveis, outros comportamentos edificantes.

Contraindicação - Também não existe. A sua abstinência, ou não uso, todavia, pode ocasionar mau humor, dores no fígado, acidez bucal, gastrite estomacal, arritmia cardíaca, pressão alta.

Advertência - Tenha muito cuidado, pois o uso continuado do produto vai aumentar seu rol de amigos, sua casa vai ficar cheia, seu telefone vai tocar mais vezes.

Posologia - Pode ser administrada diariamente. Em pequenas doses ou em doses mais elevadas, dependendo do paciente.

Superdose - Da mesma forma, não há contraindicação em doses elevadas de paciência, de amor ao próximo, de benevolência e do perdão. Apenas aumenta consideravelmente o bem-estar.

Farmacêutico responsável - Não poderia ser outro que não Jesus Cristo, posto que terapeuta por excelência. Psicólogo insuperável. Médico inimitável. Pedagogo invejável.

Indicações - Para todos os males da vida. Solidão, depressão, insuficiências, fraquezas.

Informações técnicas - Para mais informações, buscar no Evangelho as lições imorredouras de vida.

22

Depende de cada um

Não são as más ervas que sufocam o grão;
é a negligência do cultivador.

Confúcio

A TERAPÊUTICA DO ESPÍRITO, prevenindo patologias de difícil elucidação, como a depressão (que hoje acomete mais de 20% das sociedades ditas organizadas), considerada a doença do século XXI, ultrapassando os problemas com AVCs e os acidentes de trânsito, passa pela reforma íntima, pela mudança de comportamento, vencer o homem animal que ainda reside em nós.

Para isso é saber renunciar. Disciplinar os atos da vida. Resignar-se com o que não pode ser mudado. Reagir com força espiritual para vencer a inércia que nos aprisiona.

Agradecer pela água que fecunda e orvalha os campos, em vez de maldizer a chuva que dificulta a locomoção nas cidades.

Em vez de reclamar da saúde, agradecer por estar vivo.

Ao contrário de reclamar da falta de alguns bens que

seus pais deixaram de presenteá-lo, ser grato por haver nascido.

No lugar de lastimar-se por ter que trabalhar, gratificar-se pelas oportunidades oferecidas.

Precatar-se de maldizer os trabalhos domésticos, que a retém no lar, bendizendo o abrigo e aconchego da moradia.

Sem lamentar eventuais ingratidões de amigos, entusiasmar-se com as possibilidades de fazer novos amigos.

Desanimado com eventuais desacertos, encontrar motivação para renovados projetos.

Deprimido com a noite chuvosa, reanime-se nas clarinadas do novo dia radioso, que se aproxima inexoravelmente.

E seja você mesmo o produtor da sua imagem de felicidade e crescimento.

23

Disciplinando o ser

Reaja inteligentemente, mesmo a um tratamento pouco inteligente.

Lao-Tsé

DO MESMO MODO QUE há posturas positivas, que nos fazem crescer, outras há, diametralmente opostas, que nos deprimem, diminuem, enfraquecem. Assim, de *A* a *Z*:

Arrogância

A postura arrogante atrai antipatias. As pessoas comentam a distância. E, ao contrário do bem, o mal dissemina-se com rapidez, conquistando uma aura negativa para você. Seja simples, humano, tranquilo, solidário, prestativo e humilde. E terá um monte de amigos ao seu redor, sempre que surjam oportunidades.

Bom de boca

Diz-se vulgarmente que fulano é "bom de boca" quando ele come bem e de tudo. Mas esse *bem* e *de tudo* devem ser moderados na quantidade. Em demasia, até água cristalina pode fazer mal, dilatando o estômago. Assim, modere-se...

Conversador

Há pessoas um tanto caladas, como outras há que gostam de abrir-se na primeira aproximação. Todavia devemos cultivar o hábito de escutar, pois ninguém gosta do falador, do que monopoliza a palavra. Igualmente é pouco apreciado o exibido, falador, contador de vantagem, muitas vezes lorotas acrescidas de pitadas de humor. Também aí a moderação é recomendada.

Desânimo

Da mesma forma que o otimismo prolonga a vida, como está demonstrado cientificamente, mediante pesquisas universitárias nos Estados Unidos, o desânimo, a falta de ação e a autoentrega levam o indivíduo a um quebradiço enorme, retraindo pessoas à sua volta, já que a conduta é visguenta, pega por aproximação. Portanto, retempere sua conduta. Se você está de enxaqueca, mau humor, fique em casa. Faça uma boa caminhada, tome uma ducha. Modifique seu astral. Eleve-se.

Enjoativo

Há pessoas atraentes, no conversar, no escutar, até mesmo no andar, sentar, vestir. Outras há que à simples aproximação, o grupo sem querer começa a dispersar-se. São os chamados "enjoativos". Geralmente pessoas egoístas, exibidas, monopolizadoras, que acreditam que o mundo gira em torno delas.

Fanatismos

A virtude está no meio, diziam os romanos — *virtus in medius est*. Não devemos ter a veleidade de sermos detentores da verdade. Precisamos considerar as ideias dos outros. Fazer proselitismo, de forma radical, é não respeitar o próximo.

Ganância

A lei do progresso impele as criaturas para as realizações proveitosas, a maioria no campo material, posto que acreditam que a felicidade reside no *ter*, esquecidas do *ser*. Nada demais querer trocar de carro, desejar uma casa maior ou mais bonita. Querer um emprego mais atraente. Todavia, quando se deseja compulsivamente alguma coisa, quase sempre ganho material, tornamo-nos escravos da matéria. Há muitos pobres felizes com o que possuem, da mesma forma que há pessoas abastadas e imensamente infelizes. Daí porque encontramos o maior índice de suicídios em pessoas de posses e de um grau razoável de cultura. O desejar, além do que se pode, gera estresse, ansiedade, mal-estar, infelicidade. A ganância deve ser combatida em nosso ser, do mesmo modo como cortamos as unhas, aparamos os pelos, reparamos as imperfeições do corpo físico. Precisamos aprender a "cortar" ou a aparar arestas da alma, as imperfeições do espírito, treinando com afinco e persistência para vencer as tendências inferiores que nos aprisionam e escravizam.

Hipocrisia

Já os evangelhos, todos eles, relatam as facetas reprováveis da hipocrisia, que é a aparência falsa que demonstramos. É preferível viver com moderação, mostrando a verdadeira faceta do que somos, a aparentar o que não temos ou não somos. Fingir engana, por algum tempo, a poucos. Mas não a si mesmo. Portanto, seja feliz com você mesmo.

Ingratidão

Esse um sentimento que é fruto da nossa inferioridade na matéria. Jesus curou a muitos, mas somente um voltou para agradecer. E ele perguntou, apenas querendo notícias, ao que o procurou para agradecer: *Qui alteri sunt*? (Que é dos outros?). Quase sempre oramos para pedir, e muito pouco para agradecer. Recebemos tanto, e nem nos damos conta. Aproveitamos para lembrar uma frase que Jesus nunca, mas nunca mesmo, pronunciou: "Pai, por que me abandonastes?" Ele disse, em verdade, "*Eli, Eli, lama sabactani*" (Senhor, Senhor, como quero glorificar-te, posto que sabactani, na expressão hebraica, pode significar abandonar ou glorificar).

Jocosidade

Diz-se que "muito riso, pouco siso". O dente siso vem com a idade adulta. E o riso desmedido é um fenômeno da imaturidade. Brincar faz bem. Jovialidade ajuda-nos a não envelhecer. Todavia, há hora pra tudo. Rir o tempo todo demonstra falta de reflexão e comedimento.

Klu Klux Khan

O poderoso bando de fanáticos, que a partir do Texas, nos Estados Unidos, movidos pelo radicalismo, ofendiam, torturavam e matavam por segregação racial. *Apartheid* em pleno século XX. Graças a Deus, depois da Lei dos Direitos Civis, de John Kennedy, foram definhando e praticamente extirpados. Recentemente uma jovem universitária, falando em português em um metrô, na Suíça, foi agredida, ao desembarcar, por *skinheads*, fanáticos, que repudiam o ingresso de estrangeiros no restrito mercado de trabalho europeu. Felizmente, a grande maioria da sociedade local recrimina esses procedimentos. O homem é um animal social, que vive identificado "pelo rebanho", como dizem os psicólogos. Assim, o grupo social converte os costumes cristalizados em leis, que são obedecidas por todos, inclusive pelas minorias. Dessa forma não se deixe influenciar pelo pensamento isolado de grupos fanáticos, de qualquer jaez, seja no futebol, na política ou na religião. Respeite-os. Mas saiba distinguir suas deficiências. Navegue na maioria, pois *vox populi, vox Dei.*

Lisonja

O maior perigo que pode ocorrer a qualquer pessoa é o elogio desmedido. O justo orgulho, de que nos falou Jesus, pode derivar de judiciosas realizações. Todavia, devemos nos precaver das lisonjas indesejáveis, que fomentam as nossas fraquezas emocionais. Agradecer e desculpar-se. Mas resistir ao incenso que nos fará muito mal.

Murmurações

Pessoas existem que reclamam o tempo todo, de tudo. Das mínimas coisas. Do tempo, se faz calor. E também do tempo, se chove. Muitas vezes, numa mesma lavoura, a chuva favorece uns, que estão semeando, e atrapalha outros, que já deveriam estar começando a colher. Os brigões são de perfis cada vez mais recusados nas empresas e até mesmo nos círculos de amizades. Conquanto mereçam misericórdia e ajuda, que nem sempre é possível, os lamurientos recolhem para si o que plantam, isolando-se do grupo social de que precisa o convívio. O ser humano necessita da aprovação social, que começa consigo mesmo. Se ele se autorreprova ou recrimina, não pode estar em paz. É o indesejável inferno astral. De que em alguns casos ele nem percebe. É infeliz e não sabe porquê.

Nada (Nihil)

O filósofo e escritor alemão Frederic Nitzsche concluiu que viemos do nada e vamos para o nada. Mas, o ser humano, desde os primitivos silvícolas, é deísta, isto é, acredita numa divindade superior que os dirige e que ele respeita e até venera. Pensar que viemos do nada, e para o nada nos encaminhamos, é de uma tolice absurda, que hoje desafia a própria ciência, visto que as universidades estão chegando ao Criador, com um pouco de atraso, em relação aos que já aportaram pela fé.

Ódio

O ódio é um sentimento inferior, que corrói as energias psíquicas e espirituais do ser humano, imprimindo, no psiquismo da pessoa, marcas indeléveis que podem perdurar por encarnações.

Preguiça

A indolência leva a não realização, ausência de fazer, de obras. Conduz à baixa autoestima. Motiva futuras depressões. O apóstolo Tiago dizia que as palavras voam, as obras é que ficam. Parar, quando tudo anda, significa estagnar.

Quero-quero

É um pássaro dos pampas gaúchos, que adverte, pelo canto estridente, a chegada de uma pessoa no campo. Conhecido no Nordeste como espanta-boiada, ele anuncia a sua presença. No ser humano, discrição é um adorno da personalidade. Condutas espalhafatosas para atrair as atenções denotam imaturidade ou distúrbios metabólicos ou endocrinológicos. Aprender a dominar esse comportamento constitui um crescimento emocional que adorna a personalidade, mesmo quando obtida com algum sacrifício.

Rancor

Tal qual o ódio, desencadeia no sistema psicossomático de quem nutre tal sentimento a emissão de toxinas, como adrenalina, cortisol, reprimindo outras salutares, como as endorfinas.

Somatizar

Soma quer dizer corpo. Somatizar é jogar do emocional para o corporal. Expressar no físico as idiossincrasias da mente. Muito do que se passa na alma se expressa no corpo. Daí as doenças de pele, quando estamos nervosos ou com problemas de difícil solução. Interfere nos batimentos cardíacos, nas arritmias. Mexe com o sistema neurosimpático, produzindo manifestações intestinais indesejáveis. Assim precisamos controlar a mente. Educar os pensamentos e ideias, a fim de que, iluminado pela sabedoria da tranquilidade, acalmado pela meditação, retemperado pelos exercícios físicos, podermos suportar as agruras da vida, pois, como diz Chico Xavier, não viemos para tomar banho de rosas, já que a psicosfera do planeta ainda é de provas e expiações, transmudando-se para regeneração. Portanto, de sofrimento. Vale de lágrimas, dadas as nossas imperfeições. Não conheceremos o reino dos céus se não nos reconciliarmos com os nossos inimigos. Significa dizer que, enquanto houver ódios, ressentimentos, inferioridades, pululando em torno de nós, não haverá paz em nós mesmos. Conquanto possamos nos tornar uma Ilha de Paz, irradiando tranquilidade, quando tudo é tormenta...

Teimosias

Devemos aprender a escutar, a contemporizar, a compreender nossas falas, examinar nossas fraquezas. A teimosia implica não rever os nossos próprios atos. Errar é humano, mas permanecer no erro...

Utilitarista

Ou hedonista, é o vivedor, que usa e abusa do momento. Vive para aproveitar-se de tudo e de todos. Personifica a "Lei de Gerson", de levar vantagem. Geralmente em cima ou em detrimento de outrem. Ninguém pode ser feliz, galgando a subida nos ombros dos outros. O prejuízo provocado a terceiros acarreta grande mal a quem dá causa.

Vociferador

É a pessoa áspera, que está sempre de voz alta, ou estridente, blaterando ou reclamando. Também são consideradas indesejáveis. E, se queremos ser aceitos, admitidos, amados, devemos esforçar-nos para eliminar essas farpas. Primeiro, identificando as nossas próprias fraquezas, do mesmo modo que visualizamos um cisco no olho do vizinho. Em segundo lugar, verificando de que modo educaremos esse aspecto, suprimindo tais condutas. Demora, mas chega! Afinal, não há mal que sempre dure...

Xingamento

Muitas pessoas incorporam, ao seu vocabulário, palavrões, ditos até mesmo de forma natural e corriqueira. Outras vezes, carregados de energias inferiores, contaminando o ambiente que as cerca e, principalmente, a si mesmas, vulnerando o equilíbrio emocional e psicoespiritual.

Zanga

De gênero mais ameno que o ódio e o rancor, a zanga também resulta em malefícios à mente e ao corpo, descarregando, na corrente sanguínea, substâncias tóxicas, como por exemplo, a adrenalina, que aumenta a pressão arterial, favorece arritmias cardíacas, endurece as paredes das artérias e enseja acidentes vasculares cerebrais.

24

Mudanças

O passado é a experiência acumulada; o presente, a vivência restauradora, e o futuro, a promessa benfazeja.

O HOMEM MODERNO CUIDA do corpo, faz uma dieta saudável, malha para manter as formas físicas, recicla seu corpo para agradar ao próximo, muitas vezes induzido pelos apelos midiáticos, que estereotipa seres conforme seus interesses comerciais.

E, envolvido por esse poder invisível que comanda sua mente, esquece-se de si mesmo, não investigando o que mais lhe agrada e, principalmente, convém. Assim é que, sensibilizado pelo *homem exterior*, não promove as mudanças necessárias para crescimento do *homem interior*, esquecido de que aquele perece, e, este, posto que imortal, permanece ao longo das vivências na romagem terrestre, acumulando as aquisições valiosas que o acompanharão vida afora.

Dessa forma, assinalamos algumas incongruências comportamentais que merecem refletidas sinceramente:

Fazemos o cabelo, mudamos-lhe a cor, o penteado, para agradar externamente, mas não realizamos a indispensável mudança no pensamento e nas ideias, permanecendo parados, quando tudo, em nossa volta, caminha...

Mudamos a cor dos olhos, com lentes coloridas, ou armações que acentuem a beleza do rosto, mas resistimos a emprestar um brilho nos olhos que denote a alegria de viver...

Realizamos cirurgias plásticas, para retirada das indesejáveis adiposidades, notadamente abdominais, mas olvidamos assegurar expressão serena que o tempo se incumbiu de esculpir em nosso corpo físico.

Tratamos os dentes, clareando e alinhando, para representar um sorriso ditoso, mas raramente nos preocupamos em demonstrar simplicidade e sinceridade na expressão facial, do fundo da alma, que permita movimentar músculos flácidos e permitir a liberação das endorfinas do prazer obtido.

Cumprimos rigoroso programa de musculação, objetivando aumentar os contornos do bíceps, trapézio e músculos peitorais, reduzindo o abdômen, quase sempre dilatado pelos excessos alimentares, mas damos pouca importância aos verdadeiros sentimentos que devemos carregar no peito.

Obedecemos a severas dietas, para ganhar ou perder peso, tornar-nos elegantes, mas não indagamos se a nossa presença é leve, alvissareira, agradável aos demais.

Trocamos o guarda-roupa, de tempos em tempos, atentos a melhorar o visual, mas não mudamos os costumes e hábitos arraigados, petrificando o comportamento em condutas remansosas.

Adquirimos casa nova, mudamos os móveis e utensílios, trocamos de carro, mas resistimos em arrancar o que está velho dentro de cada um de nós, transmudando o nosso interior.

Acrescentamos novos amigos às nossas vidas, para satisfação de necessidades ocasionais, mas não percebemos as perdas de antigas amizades enriquecedoras que deveríamos continuar cultivando.

Já é tempo de uma reflexão profunda sobre nós mesmos, sobre o que já colhemos, sobre o que nos espera e de que forma contribuiremos para o nosso crescimento material, moral e espiritual.

Que tal mudar a nós mesmos?

O Criador, que a tudo prove, emprestará Sua indispensável ajuda nesse novo processo de mudança...

25

Longevidade

Viva cada momento em plenitude de vida, inalando cada hausto de felicidade que os acontecimentos nos proporcionam, suspirando pela renovação que há de vir.

DESPERTOU A CURIOSIDADE DA comunidade científica mundial a longevidade de habitantes de algumas ilhas isoladas no Pacífico, como Okinawa, com elevado numero de pessoas com mais de 100 anos de idade, levando-os a concluir que o fato residia nos caracteres genéticos, mantidos preservados da miscigenação dos cromossomas e genomas.

O mesmo fato se verificou na pequena Maués, em plena selva amazônica, 267km de Manaus, chegando a atrair funcionários da previdência social, que tiveram a atenção despertada pela alta incidência de vida longa entre os beneficiários aposentados, estimando que estivesse havendo fraudes.

Mas, concluiu-se que 70% das causas da longevidade consistiam, ainda, nos tradicionais princípios de alimentação saudável, exercícios físicos e ausência de vícios. E, apenas 30% teriam causas genético-hereditárias.

No caso das populações dessas comunidades, constatou-se que eram pessoas de hábitos simples, dadas às atividades da agricultura familiar, fazendo uso de pouca carne e mais vegetais na alimentação, elas próprias laborando a terra, com caminhadas diárias de subidas e descidas de pequenas elevações, hábitos morigerados.

Na ocasião desbancou-se um aspecto, paradigma que vinha tomando corpo na farmacologia dos alimentos, em face da uva de casca preta, onde a substância *revesratrol* seria responsável pela longevidade, ocorrendo alto investimento de um poderoso laboratório de pesquisa, que logo depois abandonou o projeto.

O fato é que o maior contributo reside no próprio homem, na sua vontade de controlar o que come, alimentando-se frugalmente, preferindo vegetais, particularmente de cores verde-escuro, a prática de atividades físicas, saindo da cômoda ociosidade, mormente dos aposentados, e não cultivar vícios, como fumo e álcool. Acrescentaríamos adotar uma política de vida, que inclua valores ético-moral-religiosos, como exercitar o perdão, promover a solidariedade humana, fomentar a autoestima, amar ao próximo como a si mesmo.

Como Jesus nos ensinou.

26

Agradecer

Agradecendo as benesses recebidas,
abrimos o campo para outras
contribuições dadivosas.

A CADA DIA, A cada minuto, a cada segundo, adicionamos uma experiência nova em nossas vidas, seja boa, seja má, mas sempre uma experiência de crescimento. Ainda que, perdendo, ganhamos.

Por isso, devemos, todos os dias, agradecer a Deus o momento vivido. Porque o futuro ainda não chegou e virá certamente com novos aprendizados. O passado constitui-se em vivências que nos ensinaram algo de bom para amanhã.

Assim, agradeçamos os experimentos que nos fortalecem. Regozijemo-nos pelas vivências do cotidiano, que nos moldam o caráter, fortificam o nosso ânimo.

Saibamos que o dia radioso sucede a cada noite tenebrosa.

Não nos deixemos abater pelo sofrer. Ao contrário, percebamos que tudo na vida se constitui em colhimento sazonado da semeadura livre.

Vivamos, com alegria, o presente. Esqueçamos, com resignação, o passado.

E aguardemos, com paciência, o futuro radioso que nos espera, posto que caminhamos para a frente e para o alto, renovando e fortalecendo o nosso ser pequenino, em busca da luz que nos ilumina.

27

Sepultamento

Deixem que os mortos sepultem seus mortos.

Jesus

NUM DOMINGO CHUVOSO DESLOCAMO-NOS de automóvel a Feira de Santana, distante 108 quilômetros de Salvador, a fim de prestar solidariedade aos primos por afinidade, posto que primos carnais de outras tantas primas nossas.

Aos 97 anos jazia, ali, inerme, o corpo envelhecido de Tia Kilu, como a chamávamos, cercada de filhos, netos e bisnetos, parentes e aderentes, além de amigos e vizinhos.

O padre celebrante, na sua bondosa homilia, acenava para Tia Kilu, para que nos esperássemos no paraíso, acolhida por Deus, no Seu Reino verdadeiro.

Ao final da tarde, já no reconforto do nosso lar, na capital baiana, refletimos sobre a paisagem que ficara para trás, o reduto sombrio e quieto do cemitério, onde aquele corpo retornava ao pó da terra.

E nos lembrávamos como a presença de uma pessoa pode mudar tão subitamente de lugar. Antes, alegre, conversadeira, sorridente, voltada para os petiscos da cozinha, os afazeres do lar, depois, rapidamente, no isolamento de um cubículo...

Refletimos mais sobre aquilo. Pensamos na destinação do corpo, mas pouco na destinação do Espírito que demandou rumo à verdadeira vida. E aí é que deveria estar nosso pensamento e nossas preces. Na recepção daquele espírito, na sua transladação para campos ignotos e venturosos.

Para os materialistas, o pensamento é para o corpo sepultado, no que vai resultar dele, após a ação natural dos vermes que o consumirão. E bastante vaga é para eles a ideia do reencontro na vida espiritual. Sequer imaginam o seu reencontro, que lhes parece incerto e duvidoso, com Deus.

E nos lembrávamos de um amigo comum, que nos dizia não acreditar na vida após a morte. Num cafezinho depois do almoço, propusemos a ele a seguinte questão:

— Cristóvão! Imagine que lhe tragam duas xícaras de café, uma com açúcar e outra sem açúcar. Qual das duas você preferiria?

E ele respondeu prontamente:

— Aquela com açúcar, naturalmente.

— Assim é a ideia da vida após a morte — respondi. — É mais cômodo, mais tranquilizante, optar pela teoria menos dolorosa, que é, aliás, a melhor, a da sobrevida ao decesso carnal.

E deixei-o com essa reflexão.

Após cada sepultamento, somos convidados a essa reflexão. Primeiro, a revolta, pela perda. Depois, a depressão, pela ausência. E, finalmente, a reflexão, pela crença na imortalidade da alma, que é o reduto final dos nossos dias, a que a ciência dos homens empresta, cada vez, mais, foros de conhecimento universal, sem pieguices.

28

Provérbios

O costume é a prática reiterada do fato social, estratificada em bordões populares.

TODOS OS POVOS CUNHAM axiomas que refletem uma grande experiência e decisiva lição de sabedoria. Eis alguns:

A paciência é uma árvore de raiz amarga, mas que dá frutos muito doces (provérbio persa).

Não caia antes de ser empurrado (provérgbio inglês).

Duas coisas indicam fraqueza: calar-se, quando é preciso falar: falar quando é preciso calar (persa).

Ao término do jogo, o rei e o peão voltam para a mesma caixa (italiano).

Ser pedra é fácil. Difícil é ser vidraça (chinês).

Tropeçamos sempre nas pedras pequenas. As grandes, logo enxergamos (japonês).

Nunca bata uma porta: você pode querer voltar (espanhol).

Dentro de mim há dois cachorros. Um deles é cruel e mau. O outro é muito bom. Os dois estão sempre brigando. O que ganha a briga é aquele que eu alimento mais frequentemente (norte-americano).

Não tenha medo de crescer lentamente. Tenha medo de ficar parado (chinês).

Os ausentes estão sempre errados (chinês).

Não há melhor negócio que a vida. A gente a obtém a troco de nada (judaico).

Não pense que não há crocodilos só porque a água está calma (malaio).

É melhor morrer de pé do que viver ajoelhado (slogan da revolução espanhola). Os romanos diziam: *si succedere, degenus pugnat* (se caíres, combate de joelhos).

Os professores abrem a porta. Mas você deve entrar por você mesmo (chinês).

Levanta sua vela 10 centímetros, e você ganha um metro de vento (chinês).

Caia sete vezes, mas levante oito (japonês).

Quando estiver comprando, abra seus olhos, não os ouvidos (checo).

Quando não existem inimigos interiores, os inimigos exteriores não conseguem ferir você (africano).

Visão sem ação é um sonho acordado. Ação sem visão é um pesadelo (japonês).

Não jogue fora o balde velho, antes que você saiba que o novo segura água (sueco).

Uma ferida ruim pode sarar, mas uma reputação má pode matar (escocês).

Mesmo a melhor das cobras é sempre uma cobra (árabe).

Se você esparrama espinhos, não ande descalço (italiano).

Não conseguimos espantar uma mosca ficando bravos com ela (africano).

Frequentemente, aquele que faz demais, faz muito pouco (italiano).

Melhor curvar-se do que se quebrar (escocês).

O que você não vê com seus olhos, não testemunhe com sua boca (judeu).

Todos são formados da mesma massa de farinha, mas não são cozidos no mesmo forno (ídiche).

29

Atenções com os idosos

A experiência acumulada é o repositório do crescimento continuado.

NOVA YORK, COM 1,3 milhão de idosos, prepara-se para oferecer mais cuidados aos seus velhinhos, como, aliás, é tendência mundial.

Mais de 400 semáforos tiveram o tempo de verde ampliado por mais 4 segundinhos, para facilitar a travessia mais tranquila das faixas de pedestres.

Ônibus escolares, os populares *School-buses,* conhecidas marinetes de cor alaranjada, foram adaptadas para transportar idosos nos seus deslocamentos, como idas ao shopping, parques, centros de diversão.

Além disso, os ônibus comuns tiveram sua entrada dianteira, onde normalmente ingressam sem pagar, organizadas com degraus mais baixos, quase ao nível do meio-fio, para facilitar embarques e desembarques.

E, à semelhança dos *playgrounds* criados para entretenimento das crianças, foram organizados espaços especiais para os idosos se divertirem, entre eles mesmos, aproximando as pessoas da terceira idade.

Alguns deles já retornaram aos bancos escolares, para formação em áreas de interesse, ainda que já gozem de outros bacharelatos, ou reciclagem nos assuntos ou disciplinas que mais despertem suas afeições.

Com o avanço da Medicina, as vacinas preventivas, a alimentação e exercícios físicos, a população de idosos aumenta cada vez mais. Os políticos e a mídia direcionam suas propagandas para essa crescente e importante faixa etária.

E as agências de viagem organizam pacotes destinados àqueles que dispensam correrias, programas cumulativos e cansativos, optando por diversidades culturais, compatíveis com os menos apressados. Afinal, não é preciso correr tanto.

30

Como é a gente daqui?

Bem-aventurados os pobres em espírito.

Jesus

UM HOMEM CHEGOU A um povoado, onde lhe despertou a atenção um pequeno cemitério, logo na entrada. Surpreso, verificou que as lápides das sepulturas informavam data de nascimento e de morte muito próximas, indicando vida curta. Indagando do coveiro, que por ali passava, qual o motivo daquilo, este respondeu:

— É que as crianças, aqui, são tão felizes, que o Criador logo, logo, as chama de volta ao seu convívio. E os desafortunados, infelizes, insatisfeitos consigo mesmos e com o próximo, mudam-se para outro povoado, onde as vibrações sejam da mesma índole.

Confuso, mas entendendo o recado, o homem sorriu também e adentrou a cidade, onde viveu por longos anos, procurando aproximar-se no que podia daquele clima de felicidade, até que a morte o chamasse igualmente para mundos mais ditosos. Com efeito, a jovialidade irradia felicidade e, por consequência, paz no coração.

31

Sementes estéreis

As sementes caídas entre espinhos, não suportando, também não conseguiram germinar.

Jesus

UM PRÍNCIPE MUITO RICO e cobiçado pelas jovens casadoiras anunciou que era chegado o momento de consorciar-se, mas que, para isso, teria de fazer um teste por seis meses. E marcou uma grande festa, em palácio, convidando os grandes partidos da cidade, quando explicaria os termos do concurso ao enlace matrimonial.

No dia aprazado, aprontaram-se as jovens mais bonitas e preparadas da comunidade, comparecendo em ricos e atraentes vestuários. E, dentre elas, uma jovenzinha muito pobre, instada a ir pela sua amável genitora, que sempre lhe insculpira na mente condutas retas e éticas no trato de todas as coisas.

O belo príncipe justificou o certame, explicando que daria uma semente e um vaso de planta a cada uma das pretendentes, e aquela que, ao cabo de seis meses, lhe apresentasse a flor mais bonita, esta seria a sua eleita.

Passados os meses, em outro baile pelo príncipe patrocinado, compareceu toda a sociedade local, para ver qual das jovens seria a eleita. Cada qual com sua jarra contendo a flor que cultivara, de beleza rara. E, o príncipe, olhando para uma jovem, malvestida, com um vaso puro, sem flor alguma, declarou:

— Esta é a minha eleita! — completando: — As sementes que distribuí eram estéreis. Nunca poderia germinar flor alguma. Esta jovem foi a mais sincera. E é a ela que dou o meu coração.

Com efeito, podemos enganar a alguns durante algum tempo. Mas não a todos por todo o tempo.

32

As duas rãs

O egoísmo sufoca aos que nele permanecem mergulhados.

DUAS RÃS DEBATIAM-SE NUM vaso de leite, onde penetraram para saciar a sede, sem conseguir libertar-se, dada as paredes escorregadias e lisas do latão.

Uma delas, logo, logo, entregou-se à sorte, cansada, dizendo à outra:

— Não aguento mais debater-me tanto! Não conseguiremos daqui sair. O nosso destino mesmo é a morte...

E afundou, exausta, entregue ao desânimo, morrendo.

A outra, penitente e decidida, continuou a debater-se desesperadamente, com as forças que sua mente produzia, na esperança de desvencilhar-se daquele vexame.

E, tal foi sua surpresa, o leite começou a engrossar, coalhando aos poucos, oferecendo resistência às suas patinhas, ensejando-lhe um impulso salvador, que a fez lançar-se para fora do panelão da agonia.

Com efeito, trilhamos caminhos parecidos e pedregosos. Uns resistem e lutam continuamente. Outros logo desistem e entregam-se à própria sorte.

Deus, que em tudo está presente e acode às nossas súplicas, proporciona ajuda aos que O buscam, segundo a máxima: *Faze por ti, que te ajudarei.*

33

Jabuticabas

O que é o pequeno espaço da existência terrena ante a imortalidade da vida?

UM HOMEM IDOSO PREPARAVA a covinha onde iria plantar uma mudinha que adquirira em um povoado próximo.

Um passante indagou-lhe que plantinha era aquela. E, ao obter a resposta de que era uma jabuticabeira, logo se espantou, retrucando:

— Mas, amigo! Você não sabe que o pé de jabuticaba somente produz após 12 anos de plantado? Com sua idade, você dificilmente saboreará um dos seus frutos.

Ao que o homenzinho gentilmente respondeu:

— Não estou plantando para mim. Nem para meus filhos, que também são idosos. Mas para os meus netos, que haverão de lembrar-se do seu velho avô e beneficiar-se com o trabalho dadivoso que a natureza proporciona.

34

Fogo e água

Os que se humilham, serão exaltados.

Jesus

PAI E FILHO FAZIAM a escalada de uma montanha, quando o menino perguntou-lhe quem era mais forte na natureza.

O velho, apontando para um pequeno incêndio na floresta, informou-lhe que brevemente, após queimar violentamente, reduzindo o madeirame a cinzas, o fogo se exaurirá e se extinguirá.

Depois, voltando vistas para um pequeno córrego, que descia a encosta, obtemperou que aquele filete se juntaria a outros tantos, formando um pequeno regato; que, serpenteando a montanha, placidamente, desviando dos obstáculos naturais, encontraria outros riachos semelhantes, culminando por formar um pequeno braço de rio, refrescando e fertilizando as terras tórridas, causticadas pelo fogo.

E, mais além, agregando outros braços de rio, formariam um afluente importante, em demanda dos oceanos, enriquecendo a fauna marinha.

Dessa forma, o pequeno córrego, no alto do monte e

na sua simplicidade, contribui, em muito, para o equilíbrio ecológico, para a manutenção da floresta, dos pássaros e dos peixes, representando incomensurável força da Natureza, doada por Deus, para o bem-estar das criaturas.

35

Caminhar e andar

Quem passou pela vida e não sofreu, foi espectro de homem, não foi homem, passou pela vida, não viveu.

MUITAS VEZES, NA VIDA, caminhamos, mas não andamos. Explico: andar é progredir no tempo. Caminhar é avançar no espaço.

Caminhar é perambular, em alguns casos, sem saber para onde se vai e o que fazer e não realizar coisa alguma.

Andar é subir mais um degrau na Escada de Jacó. O avanço horizontal significa ganhar espaço físico. O vertical quer dizer alçar voo, elevar a si mesmo na escala evolutiva do ser humano.

Temos uma vida e muitas existências. Em cada uma destas acrescentamos saber, mesmo quando a experiência é negativa ou sofredora.

A Natureza não dá saltos. Mas avança sempre e sempre. Atrasamo-nos, muitas vezes. Mas avançamos sempre. Ainda que aparentemente não andemos, só caminhemos. Com o ônus, todavia, do retardo, visto que tudo gira e avança, num progresso inexorável, incontido, próprio da Divindade.

O planeta, com a psicosfera que lhe é própria, qual um organismo vivo, evolui.

36

Escutar e ouvir

Nascer, morrer, renascer ainda e progredir sem cessar, tal é a lei.

(Inscrição no túmulo de Allan Kardec, no *Père-Lachaise*, em Paris)

MUITAS VEZES, OUVIMOS, MAS não escutamos. Ouvir é sentir a vibração sonora no pavilhão auditivo. Escutar é captar a sensibilidade sonora, em seu significado cultural, social, moral, espiritual. Traduzir o sentido filosófico das coisas que nos rodeiam. É avançar no crescimento humano.

Ouvir é um ato material, animal. Escutar é um sentimento espiritual, metabolizando a informação que nos chega pelos ouvidos, processando-a e armazenando-a, no cérebro. Ou descartando-a, por inservível.

Devemos educar o ouvido para selecionar o que nos chega pelo nervo sensitivo auditivo, a fim de que a memória fique mais leve, aberta a outras fontes produtivas.

Podemos resistir em ouvir e não escutar. Não registrar. Evitar armazenar o que chamamos "abobrinhas", "conversa fiada", inutilidades.

Ao mesmo tempo, devemos esforçar-nos para captar na memória tudo aquilo que pode ser processado e armazenado, para uso continuado ou futuro.

Mesmo no reino animal irracional, há uma memória auditiva e celular que educa e ensina a prevenir-se dos perigos, a fugir das intempéries.

No reino hominal, carregamos nosso "disco rígido", com elementos que nos poderão ser úteis ao longo da vida e a existência. Nisso constitui-se o somatório do progresso moral e espiritual.

37

Existir e viver

Roga sempre ao Pai, como se imprescindível a Sua ajuda. Faze agora, como se dependesse de ti a realização.

DISTINGUIDA A DIFERENÇA ENTRE existir e viver, como formas parecidas, mas sequenciais de evoluir, na vida, encarnados na matéria, nós compreendemos então qual a razão de nossa existência, visto que estamos todos avançando na escala moral, por meio das experiências que nos são postas.

Esse aprendizado se dá conforme o nosso grau evolutivo, e consoante a programação espiritual que nos foi apresentada e que com ela nos conformamos, livremente. Salvo eventuais exceções, quando a reencarnação é impositiva, nos seres mais primitivos, como imperativo do progresso inexorável.

Temos muitas existências corporais, mas uma só vida, ora encarnados, ora desmaterializados, no campo espiritual, igualmente evoluindo e crescendo.

Nas experiências vividas, aprendemos, conforme nossas necessidades espirituais de evolução, postas em cuidadoso programa do Mundo Maior, consoante nossas pretéritas aquisições e futuras postulações, tendo em vista o aperfeiçoamento moral e espiritual, já que "Deus dá o frio conforme o cobertor".

Mas é preciso não perder de vista que a vida é como um cavalo selado, que passa à nossa frente. Devemos aproveitá-la ao máximo. Como num filme que não se repete, já que não cai uma única folha sem que a vontade do Pai aí esteja presente, necessitamos observar e aproveitar as experiências vivenciadas, a fim de resultar proveitosa a caminhada sobre a face da Terra.

38

Paz e cólera

A paz está sempre dentro de cada um de nós.

HAVIA UM HOMEM NA cidade que a todos insultava, sendo odiado e até temido pelas outras pessoas.

Um dia ele estava numa banca de revistas e dizia tantos impropérios contra o pobre do jornaleiro que as pessoas começaram a juntar-se em volta, assustadas, temendo até mesmo uma reação violenta.

Mas foram se acalmando, aos poucos, verificando que o vendedor a tudo ouvia plácida e calmamente, sem esboçar reação alguma.

Ao cabo de alguns minutos de selvageria, o ofensor se afastou, resmungando, deixando a todos atônitos. E o outro, tranquilo, como se nada houvesse acontecido.

Intrigados com tal reação, alguns interpelaram o jornaleiro, querendo saber por que não reagira aos insultos.

— Ele me trouxe presentes. Como não os recebi, ele os levou de volta.

Assim é a vida. Violência sempre gera violência, reação

agrega novas ações. E o silêncio e a oração pulverizam e dissipam as malquerenças

Mahatma Gandhi, o Iluminado da Índia, apóstolo da Paz, não reagia aos soldados que o atingiam e a seus seguidores, com cassetetes de madeira, muitas vezes caindo ao solo exangue. Tal fato revoltava os seus adeptos, que queriam uma reação à altura. E ele, não se conformando com essas atitudes dos seus acompanhantes, recolhia-se em jejum, até que passasse a revolta.

Mas tais molestações ao homem franzino, advogado formado na Oxford, Inglaterra, chamaram a atenção do Parlamento Britânico, que acabou votando uma lei, conferindo independência à Índia, que era o que buscavam. E ele, Gandhi, dizia que o amor de um pode cobrir a multidão dos nossos pecados. Como já afirmara Pedro, apóstolo do Cristo.

Dessa forma, mais do que palavras, o exemplo pode interagir profundamente no outro, transformando-o para melhor.

39

Os três homens e a nevasca

Quando estiveres sob o eclipse total da esperança, não te deixes vencer pela sombra. Segue adiante, fazendo o bem que possas.

Recados do Além – Emmanuel (Chico Xavier)

TRÊS LENHADORES DESCIAM A montanha quando foram surpreendidos com uma forte nevasca.

O frio fê-los recolherem-se em uma caverna próxima, onde teriam que passar a noite.

Como o frio aumentasse, um deles pensou:

- Se eu pegasse a lenha que transporto e acendesse, o calor amenizaria o nosso frio.

Mas, logo obtemperou:

- Por que vou gastar minha lenha com esses dois preguiçosos?

E foi dormir.

O outro, quase congelado, também imaginou:

- Bem que eu poderia acender uma fogueira, mas esse

sujeito aí, grosseiro, deitado, sem fazer nada, também aproveitaria o calor.

E pôs-se a dormir.

O terceiro lenhador, batendo o queixo, deduziu:

— Se eles não se dispõem a gastar a lenha, por que eu é que vou gastar a minha?

Apertou o casaco mais um pouco e roncou.

Ao amanhecer, alguns lenhadores da redondeza, dando por falta dos companheiros, adentraram a caverna e encontraram os três, mortos, pelo rigoroso frio das montanhas.

O egoísmo suplantou a lei da sobrevivência. Se um deles se dispusesse, sem buscar troca ou recompensa, em acender a fogueira, os demais, certamente, colocariam mais lenha, alimentando o fogo que os manteria vivos até o amanhecer.

Alguém tem de dar a partida, com um gesto de amor. Mesmo sem recompensa aparente, pois o Criador, do Alto, que a tudo assiste e vê, com certeza recompensará os bons.

40

A criança com febre

É dando que recebemos.

Francisco de Assis

DOIS CAÇADORES DESCIAM A montanha, ao anoitecer friorento de um inverno, deparando-se, no trajeto, com uma criança caída.

Um deles parou, agachou-se para examinar o garoto, enquanto o outro, apressadamente, prosseguia a descida, sem importar-se com a sorte do próximo.

O caridoso, tal qual na parábola do Bom Samaritano, verificando que a criança ardia em febre, tomou-a nos braços, colocou-a de encontro ao próprio peito, agasalhando-a com o corpo, continuando a descida, embora mais lentamente, dado o peso que transportava.

Após algumas horas de caminhada, noite escura, frio intenso, deparou-se com o companheiro que o antecedera na descida da encosta escarpada, caído ao solo. Parou para verificar e constatou que já estava morto, pois o sangue lhe congelara nas artérias.

Continuou a descida e, ao cabo de mais uma hora,

apenas, chegou ao povoado, onde foi socorrido, e a criança atendida.

O calor da febre da criança conseguira fornecer o calor que necessitava para sobreviver ao intenso frio das montanhas. E a friagem do seu corpo contribuíra para manter, com a troca de calor, a temperatura em equilíbrio, evitando uma convulsão indesejável para a criança.

O egoísmo nada constrói. O amor, ao contrário, irradia-se. Como o perfume, que resta sempre um pouco, nas mãos dos que o distribui.

41

Os dois enfermos

O pensamento positivo pode vir naturalmente para alguns, mas também pode ser aprendido e cultivado, mude seus pensamentos e você mudará seu mundo.

Norman Vincent Peale

PRESOS NO LEITO DE uma enfermaria, em um pequeno hospital, dois homens conversavam para ajudar a passar o tempo, dada a enfermidade de longo curso.

Um deles, deitado junto a uma janela, todos os dias ao amanhecer, descrevia a paisagem lá fora, para o outro mais afastado, igualmente imobilizado no leito hospitalar.

As narrativas eram as mais belas possíveis, descrevendo o verde do ambiente, as flores multicoloridas que emolduravam o lado externo do cubículo onde se agasalhavam os enfermos.

Os pássaros que voavam, alegremente. E, até, os raios do sol, produzindo indizível arco-íris para alegrar os dias longos do inverno.

Certo dia, ao amanhecer, notando que a cama junto à janela estava vazia, o outro enfermo indagou da enfermagem o que havia acontecido com o seu estimado companheiro.

A moça, delicadamente, informou-lhe que ele houvera desencarnado naquela madrugada, deixando um abraço para o companheiro de quarto e dizendo que ia mudar-se para outro jardim maravilhoso.

Sem entender direito o que ouvira, o homem perguntou à enfermeira como estava o dia, através da janela do quarto. E ela respondeu-lhe, amavelmente, que da mesma forma que dos outros dias, pois havia um grande muro branco, que circundava o hospital, não permitindo ver coisa alguma.

Curioso, indagou da gentil mocinha, como era que ele, o falecido, descrevia tantas cores bonitas. E ela, compreensiva, disse-lhe que o homem era cego, mas que tinha um coração grande e generoso, daí porque relatava as cores para o companheiro imobilizado, a fim de causar-lhe um pouco de bem-estar.

42

O estrume

Tudo na vida tem uma serventia.

HAVIA UMA MULHER QUE não simpatizava com a vizinha. Tinha-lhe despeito e inveja pela pequena casa, bem arrumada, ao lado da sua, descuidada.

Certo dia, tendo de mudar-se para outro bairro da cidade, resolveu pregar uma peça na vizinha, entregando-lhe, na despedida, um pequeno embrulho, contendo esterco de galinha, colhido no galinheiro do seu quintal.

Sem saber do que se tratava, a amável vizinha agradeceu-lhe o presente e abraçou-a alegremente, despedindo-se.

Decorridos alguns meses, passando pela porta da vizinha de quem não gostava, resolveu a embirrenta adentrar o portão da sua casa, chamando-a para ver da sua reação, ante o presente mal-cheiroso que lhe deixara ao partir.

A vizinha, prazerosa, abraçou-a efusivamente, agradecendo-lhe pelo belo presente que recebera, e, mostrando-lhe um belo jardim florido, esclareceu que usara o adubo na plantação daquelas flores, belas e perfumadas, logo retirando uma bonita rosa vermelha, ofertando à ex-vizinha visitante, que desconcertada e murcha, agradeceu e retirou-se, com enorme mágoa consigo mesma no coração, pelo malfeito.

43

O cãozinho e os espelhos

Nós somos aquilo que pensamos.

Autor desconhecido

DOIS CÃEZINHOS OUVIRAM FALAR que um grande circo havia chegado numa pequena cidade próxima e que havia um quarto com espelhos, que refletiam a imagem em formas multifacetárias e belas.

Ao chegarem ao grandioso circo, um deles adiantou-se:

— Eu, primeiro! — ladrou, adentrando a pequena porta.

Mas ao deparar-se com a própria imagem, zangada e carrancuda, assustou-se com ele mesmo, passando a rosnar.

E, percebendo que as múltiplas imagens refletidas nos espelhos eram briguentas, e, mais, ouvindo os grunhidos e os dentes arreganhados, assustou-se, saindo em desabalada carreira.

O outro, abrindo calmamente a porta, adentrou sorridente e curioso, deparando-se com a própria imagem, sorridente, calda balançante, achando que havia encontrado matilha de amigos, latiu alegremente.

Assim é a vida. Amor com amor se paga. Quem

oferece flores, recebe flores. Quem semeia ventos, colhe tempestades.

44

O ponto negro

As roseiras têm perfume. Pena que alguns só vejam os espinhos.

NO PRIMEIRO DIA DE aula, na classe nova, o professor, antes de qualquer outra coisa, estendeu um imenso lençol, cobrindo o quadro de giz. E, sem dar uma palavra, deixou os alunos olharem curiosos, por alguns minutos.

Decorrido um lapso de tempo, indagou à turma o que eles tinham observado.

Um por um relatou que vira um pequeno ponto negro no centro do lençol.

— Nada mais? — indagou o mestre.

— Nada mais — respondeu o aluno.

Ele, então, discorreu, naquela aula, sobre os valores da observação. Lembrou que havia um grande espaço, retangular, branco, a que não se referiram. E o minúsculo ponto preto, que eles notaram, representa um aspecto do que lhes foi dado observar.

E concluiu:

— Assim é a vida. Detemo-nos em alguns detalhes, esquecendo-nos de outros. Emprestamos valor a coisas que muitas vezes não valem os nossos cuidados, olvidando outras que verdadeiramente nos propiciariam crescimento e progresso.

Anexo I

Interação corpo-espírito[3]

(Textos de Joseval Carneiro)

3 Agradecemos à professora Marta Campello de Melo, pela pesquisa.

Hormônios

TODOS NÓS TEMOS RELÓGIOS automáticos que agem independentemente da nossa vontade consciente, acudindo essa ou aquela necessidade, como obra do Criador, interferindo em eventuais dificuldades orgânicas, ou mentais, buscando equilibrar o ser em desalinho, objetivando seu progresso material e espiritual.

No presente estudo, neste capítulo, enfocamos algumas das principais glândulas e substâncias químicas, segregadas no corpo físico, mas, com certeza, com interveniência do psiquismo ou mesmo da energia que anima a matéria, demonstrando como podemos interagir, para obter o maior proveito possível da ajuda que a Natureza nos propicia.

Glândulas como a pineal ou as suprarrenais, e substâncias como a adrenalina, a endorfina, a dopamina, desempenham um papel fundamental no equilíbrio, desenvolvimento e progresso do ser humano. Vejamos algumas delas.

Pineal ou Epífise

O filósofo e cientista René Descartes, médico e matemático, afirmou, em 1640 que a pineal é o local onde a alma se fixaria mais intensamente.

Definida pelos budistas como "o terceiro olho", na altura intermediária entre os olhos, a pineal segrega uma substância denominada melatonina, que regula, como um relógio automático, várias atividades, como dormir ou acordar, ou indica rumos, como ocorre com aves migratórias, orientando os voos de longa distância, à procura de amenidades do clima, para a desova e perpetuação da espécie.

O psiquiatra Sérgio Felipe Oliveira, membro da Associação Médico-Espírita (AME-São Paulo) e diretor-presidente do Instituto *Pineal Mind* – um dos maiores pesquisadores de Psicobiofísica da Universidade de São Paulo, que estuda o papel da glândula pineal em fenômenos ligados à mediunidade – afirma que é a melatonina que dá ao corpo a noção de tempo.

A pineal transpõe a terceira fase ou dimensão, para ingresso na quarta dimensão, capacitando-nos a captar as informações que estão além de nossa dimensão (das três reconhecidas). É o "terceiro olho", que nos orienta, assim como aos animais, nos seus procedimentos migratórios.

Evolui de um órgão fotossensor para neuroendócrino. A pineal converte ondas eletromagnéticas em estímulos neuroquímicos, explicam os cientistas Walrath e Semm, em artigo publicado na revista científica *Nature,* em 1988.

Experimentos do dr. Michael Persinger, da *Laurention University,* do Canadá, com um capacete emitindo ondas eletromagnéticas na altura dos lobos temporais, confirmam a tese de que a interferência se dá justamente no campo eletromagnético, sendo a mediunidade um atributo biológico e não religioso.

Testes de hormônios, com o uso de eletroencefalogramas, tomografias, ressonância magnética, mapeamento cerebral, feitos com paciente em transe mediúnico, apresentam alterações significativas.

Um grupo de pesquisadores norte-americanos, em Salvador, no Centro Espírita André Luiz, colheu sangue do médium Venâncio antes e depois de incorporar o espírito doutor Arikson (médico alemão que promovia cirurgias espirituais), registrando alterações significativas na imunidade celular.

O médium operava usando um bocal plástico de caneta esferográfica, cortando tumores, sem uso de luvas, em plena era do HIV, observando-se controle de hemorragia (hemostasia), de dor (analgesia) e ausência de infecções pós-cirúrgicas (assepsia). Cortava tumorações e lipomas, à vista de todos.

"A mediunidade mexe com a pressão arterial, descarga de adrenalina, ritmo cardíaco. Tem um efeito superlativo", diz o dr. Felipe Oliveira.

A pineal, que se assemelha a uma pinha, pretende explicar fenômenos como a clarividência, a telepatia e a mediunidade. Para os hinduístas, a pineal seria um receptor de energias, através do *chacra* frontal ou central (localizado na altura da testa, e, mais acima, na parte alta do crânio, o coronariano ou solar).

Adrenalina

Também chamada epinefrina, a adrenalina é um hormônio derivado da modificação de um aminoácido aromático (tirosina), secretado pelas glândulas suprarrenais (que têm o tamanho de um caroço de feijão, alojadas em cima dos rins), cujos hormônios, em momentos de estresse, são multiplicados, preparando o organismo para enfrentar e suportar grande esforço físico ou emocional.

Eleva a presença do açúcar no sangue, aumentando os batimentos cardíacos. Reduz o afluxo de sangue no sistema digestivo-intestinal, carreado para os músculos das pernas e braços. Queima gorduras, preparando o corpo para uma reação (como reagir ou fugir).

É usada na Medicina para ressuscitação nos casos de parada cardíaca. Produz vasocontrição. O nome provém de *ad* (para) *rimo* (rins) *Iná* (aminas): *adrenalina*.

Quando as pessoas submetem o corpo físico ao desgaste prolongado ou repetitivo da adrenalina, favorece o endurecimento das artérias e seu estreitamento, aumentando a pressão arterial e sujeitando-se a acidentes cardiovasculares.

O modo preventivo de economizar adrenalina é adotar posturas emocionais controladas, educando a mente e o espírito, para não revidar ofensas, não guardar ódios e rancores, perdoar sempre. Também a prática de exercícios, cotidianamente, mesmo que leves e de pouca duração. O simples aquecimento antes do banho já ajuda muito.

O abaixar-levantar na ponta dos dedos movimenta as panturrilhas ("batata" das pernas), favorecendo diretamente o coração. O entorse da coluna, nos vários sentidos, direita-esquerda-direita, ou para frente, dobrando o tórax sobre o abdômen, ou para trás, encurvando a coluna da frente para as costas, são pequenos exercícios, que inclusive favorecem a coluna.

O volver a cabeça, como um pêndulo de relógio lubrificam as vértebras cervicais, reduzindo as dores tão comuns nos dias de hoje, dado as posturas corporais incorretas e o uso imoderado do computador, que ocasiona as temíveis e incuráveis lesões por esforço repetitivo (LER/Dort).

Igualmente, exercícios físicos nos punhos, antebraços, braços e ombros, lubrificam as articulações, prevenindo bursites, como uma fisioterapia preventiva particular ou caseira. Enfim, sair da acomodação, da ociosidade. Não esperar que a patologia se instale, prevenindo a ocorrência.

Endorfina

Neurotransmissor, assim como a noradrenalina e a acetilcolina, a dopamina, é uma substância química responsável na comunicação do sistema nervoso. Esta é a endorfina – *endo* (interno) *orfina* (analgésico). Responsável pelo efeito eufórico ou de bem-estar ou prazer.

Compõe-se de 31 aminoácidos. E dos 20 tipos conhecidos, o mais eficaz na euforia é a beta-endorfina.

Em atividades desportivas, ou físicas, liberamos endorfina, sentindo prazer durante e após a sua prática. Nas simples torcidas, também. Portanto, mais que uma atividade muscular, é, igualmente, atividade mental, de relaxamento e alegrias.

As endorfinas melhoram a memória e o bom humor, a resistência, a disposição física e mental, o sistema imunológico. Bloqueia as lesões dos vasos sanguíneos. Tem efeito antienvelhecimento, pois removem superóxidos (radicais livres). Aliviam as dores

Produzidas na hipófise, estimulam a adrenalina e o cortisol, consoante pesquisas de Harber & Sutton e Heitkamp. Tem efeitos sobre a dor, o humor, a depressão, a ansiedade. Regula a liberação de outros hormônios.

Estimulados pelas agulhas da acupuntura (e, também, aplicações de Reike e passes magnéticos), nos pontos energéticos, plexos e *chacras*, inclusive nos subpontos energéticos, menos conhecidos, situados no pavilhão auditivo, na coluna vertebral, por exemplo, geram impulsos nos neurotransmissores, provocando analgesia através do sistema central e dos sistemas periféricos.

Certos alimentos favorecem os efeitos produzidos pelas endorfinas, como chocolate (daí o uso junto aos militares, nas frentes de batalha, e aos desportistas em geral). Também os efeitos são favorecidos pela atividade física e sexual moderadas.

Dopamina

Neurotransmissor, precursor natural da adrenalina e da noradrenalina. Estimulante do sistema nervoso central.

Associadas ao mal de Parkinson (escassez na via dopaminérgica e nigroestriatal) e à esquizofrenia (desbalanceamento com excesso da via dopaminérgica e mesolímbica) e à escassez na via mesocortical.

A dopamina está por trás do vício de jogos (eletrônicos), sexo, álcool e outras drogas. Estimula os receptores adrenérgicos do sistema nervo-simpático.

Produz vasodilatação, maior taxa de filtração glomerular, maior volume de excreção do sódio e maior volume urinário. Melhora as funções cardíacas e a oxigenação. Tem ação inotrófica.

Precursor da noradrenalina e catecolamina. Aplicação restrita em hospitais.

Como se vê, o corpo, por suas glândulas, engendra substâncias finíssimas, verdadeiro pronto-socorro, que disponibiliza recursos para atender à demanda do físico, e até mesmo da mente, do psiquismo, muitas vezes trabalhando em harmonia entre si, favorecendo o equilíbrio fisiológico-espiritual, já que indubitavelmente há uma interação mente-espírito, como assinala o médico e professor Nubor Facure, da Universidade Estadual de Campinas (Unicamp).

E se a mente influencia o corpo físico, o pensamento positivo, as boas ações, a autoestima são fatores predisponentes ao *mens sana in corpore sano.*

O pesquisador, engenheiro Hernani Guimarães Andrade, de São Paulo, em uma de suas obras, desenvolveu a tese do modelo organizador biológico, asseverando que a mente molda o corpo físico.

Podemos influir tanto no mundo espiritual, antes de reencarnar, quanto no próprio corpo físico, já reencarnado, com a forma-pensamento, desenvolvendo hábitos e visualizando equilíbrio, moldando um novo homem, um ser mais feliz.

O cancioneiro popular diz, com sabedoria: *Quem não gosta de samba/ Bom sujeito não é/É ruim da cabeça/ Ou doente do pé.*

É que as pessoas voltadas para as atividades físicas, desportivas, ou que gostam de dançar, de sambar, de mexer com o corpo, acabam gozando mais saúde, física e mental do que os taciturnos, ociosos, acomodados — para não dizer preguiçosos.

Noradrenalina

Também chamada noraepinefrina, é uma substância das que mais estimula o humor, influi na ansiedade, no sono e na alimentação, juntamente com a serotonina, a dopamina e a adrenalina.

A noradrenalina é sintetizada nas fibras nervosas, ao passo que a adrenalina é produzida nas suprarrenais.

Aumenta o influxo celular de cálcio e equilibra a pressão arterial. Aumenta a resistência vascular sistêmica, sem comprometer significativamente o trabalho cardíaco.

Tem efeito antidepressivo, hipnótico e ansiolítico. Encontra-se nas terminações nervosas, no fígado e nos rins.

Neurotransmissor

Substância química produzida pelos neurônios nas células nervosas. Age nas sinapses, junção de um neurônio com outra célula neuronal.

Quando um potencial de ação ocorre, as vesículas (intervalos ou espaços entre as células) se fundem (unem) nessa membrana plasmática, liberando os neurotransmissores na fenda por exocitose.

Agem os neurotransmissores através das proteínas que se situam na membrana plasmática. Algumas enzimas podem inibir sua ação, desativando quimicamente os neurotransmissores

As substâncias atuam no encéfalo e nos nervos periféricos e na junção neuromuscular ou placa motora.

Dentre eles anotamos as aminas, adrenalinas, serotonina, nordrenalina, dopamina. Os neuropeptídeos são cadeias de aminoácidos.

Da mesma forma como comentamos acima, as atividades físicas, de um modo geral, favorecem a ação dos neurotransmissores. E são igualmente por eles favorecidas.

A química do cérebro tem rigorosa interação com a mente. Os "elogios" automáticos que a regulam, objetivam provocar o melhor bem-estar físico e mental possível.

Afora as lesões fisiológicas, que produzem patologias diversas, as ações da mente são importantíssimas na regulação e estímulo do corpo e do psiquismo, sendo salutar agir preventivamente, cultivando e treinando, como se faz na Clínica da Felicidade, Stanford University, Estados Unidos.

Anexo II

De Sócrates a Jung[4]

(Textos de Walter Hart)

4 Este anexo é uma participação especial do ilustre confrade Walter Hart, desta vez como autor, porquanto já se apresenta como médium psicógrafo em muitas mensagens de consolação e esclarecimento, do maior valor, que oportunamente serão divulgadas.
O estimado companheiro Walter Hart, nem precisaríamos dizer, é um dedicado médium, entregue à tarefa da divulgação e, principalmente, da consolação, com as mensagens psicografadas do Mais Além.
Certamente enfrenta as mesmas dificuldades que Divaldo Franco, José Medrado, Carlos Bacelli, Luiz Gasparetto, dentre outros ilustríssimos confrades que abraçaram a tarefa de intermediar os abnegados benfeitores espirituais. E, até, incompreensões, que ele, como os outros, releva ao Alto, com o perdão das ofensas.
Médium de efeitos físicos, de cura, de psicografia, de psicofonia, tem brindado a tantos quanto desfrutam da satisfação do seu convívio, com demonstrações do mundo espiritual, fortalecendo, naqueles que com ele caminham, a fé inabalável no amor de Jesus.

1

Pensar

VIVEMOS EM UM MUNDO que é uma grande aldeia global. Com o advento da informática, basta um simples *click* no *mouse* e uma gama de informações encontra-se à nossa disposição.

A facilidade com que recebemos as mensagens através de filmes e documentários disponíveis em DVD, no cinema, na televisão, no teatro e nas obras literárias, amplia sobremaneira a nossa aquisição de conhecimento.

Com todas essas maravilhas da tecnologia, no entanto, o homem moderno não tem tido tempo de pensar, de questionar as coisas.

Aceitamos os "enlatados" que nos chegam de toda parte, sem utilizar da arte da reflexão. Os chamados livros consumíveis foram o pior crime que aconteceu nas últimas décadas. Considero, inclusive, um grande assassinato cultural.

Ler é digerir o que foi lido. É fazer juízo de valor entre o concordar ou não com o autor.

Pensar é transcender, é viajar a lugares longínquos, em busca da aferição de novos valores. Por isso que Sócrates, nos seus questionamentos, propunha aos seus discípulos, mediante a provocação, a arte de pensar.

A juventude de hoje carece de obras que os levem à reflexão. Não é uma simples síntese de uma leitura rápida que permitirá a aquisição de conhecimentos.

O hábito salutar da leitura de bons livros — recomendo os grandes clássicos — ensejará ao leitor uma crítica de formadores de opiniões, acerca das grandes questões da vida.

Podemos contribuir muito com a sociedade, com o país e com o meio em que vivemos, a partir do momento em que saibamos **pensar**.

Pensar para ser mais, pensar para progredir, pensar para saber agir.

O fanatismo — seja ele qual for — é bastante perigoso, porquanto aprisiona, nos seus grilhões, os que se permitem caminhar na estrada da ignorância.

Assim, jamais pense pela cabeça dos outros. Seja você mesmo e pense sempre, pense muito, para ser livre.

2

Transformando sonhos em realidade

PESSOAS HÁ QUE VIVEM presas ao passado. Podemos dizer que são verdadeiros colecionadores de lembranças. Por mais paradoxal possa parecer, estão sempre rememorando fatos desagradáveis, tragédias que se abateram sobre a família, no trabalho, nos negócios, enfim, respirando um clima de desgraças contínuas.

Até quando irão continuar com essa postura pessimista, de achar que estão fadadas ao infortúnio, ao fracasso, à derrota?

Você, caro leitor, não concorda em que já é hora de modificar todos esses pensamentos? Você não está cansado dessa fisionomia descolorida, sem viço, sem alegria, sem brilho, sem vida?

Afinal, o que você acha que é? Um monte de ossos coberto de carne à deriva no grande barco da vida, sem bússola, sem leme, sem direção, sem porto?

Pare!

William Hazlitt, escritor inglês, afirmou, com grande

propriedade, a seguinte frase: "O ser humano é o único animal que ri e chora, pois é o único que percebe como as coisas são e como deviam ser".

Como podemos perceber nessas belíssimas e genuínas palavras, você é, na maioria das vezes, o grande responsável por tudo o que lhe acontece.

É claro que existem fatores externos que contribuem para destruir o que almejamos. Contudo, você permitiu que assim fosse. Deixou que os seus sonhos fossem apagados, tornando-os quimera.

Acabe de uma vez por todas com essa mania infeliz de culpar os outros pelos seus insucessos.

Reaja, querido amigo, a essas impressões pessimistas. Se você próprio não acredita que os seus projetos darão resultados positivos, quem acreditará?

Os sonhos nos chegam para explanar, em nossa mente, o que precisamos fazer para materializá-los.

Para tornar sua existência significativa, dê sentido à sua existência.

Mas como eu posso dar sentido à minha existência, com a vida que eu levo, se nada para mim dá certo?

Eu tenho certeza, absoluta, que você, prezado leitor, fez essa pergunta.

Muito bem, já que questionou, é sinal de que deseja sair da situação que o oprime. Parabéns! É o primeiro passo.

Agora, pense comigo: invista em você.

Como?

Matricule-se em um curso de sua área de atuação, procure se reciclar, esteja antenado com tudo, interesse-se pelo novo, participe de congressos, encontros, *workshops*, palestras e, sobretudo, leia, leia sempre e muito, pois cada um tem o direito de traçar o próprio caminho.

Agindo dessa maneira, você estará vivenciando sentimentos positivos, satisfazendo necessidades e construindo o sentido da existência.

3

Você não é acéfalo

TODOS NÓS SABEMOS QUE, após a Mitologia, surgiu a Filosofia, que instituiu o pensamento racional. Propondo o uso da razão, que demitizaria os mistérios do mundo, ensejou ao homem a arte do pensamento, fazendo-o compreender o porquê e a razão das coisas.

Passados cinco mil anos depois do nascimento da Filosofia, na Grécia Antiga, estudiosos e pessoas comuns ainda discutem o extraordinário pensamento de Sócrates, Platão e Aristóteles.

Infelizmente, em pleno século XXI, com toda a tecnologia de que desfrutamos, ainda existem pessoas que têm preguiça de pensar.

A palavra *acéfalo* significa: que não tem cabeça, que não tem chefe, sem governo. (*Minidicionário Soares Amora da Língua Portuguesa* - 6ª edição, revisada e ampliada.)

Questionar, refletir, pensar é algo tão prazeroso que oferece uma visão mais ampla, mais dilatada da compreensão dos fatos.

É muito interessante aprender coisas, porém sabendo como é o funcionamento dessas coisas. Se vamos a outro país, se tomamos conhecimento de um fato histórico, se participamos de um seminário ou simplesmente se nos encontramos no meio de outras pessoas, dialogando sobre variados assuntos, é de bom alvitre que saibamos oferecer as nossas impressões ao tempo em que possamos questionar também.

Sócrates fazia com que as pessoas pensassem melhor sobre os valores e a moral, que fossem fundo na reflexão e não se contentassem com respostas superficiais. Era considerado um questionador por excelência.

Aliás, foi esse grande sábio que afirmou, categoricamente, que as questões relativas ao ser humano são as que merecem maior reflexão.

Neste capítulo, prezado leitor, convido-o a mergulhar nas águas profundas da Filosofia, a fim de que aprenda a cultivar o hábito de pensar.

Diariamente, recebemos uma amálgama de informações que muitas vezes não compreendemos, em face de não sabermos digeri-las.

Ouvimos algo sobre determinado assunto e, não raro, terminamos por aceitá-lo como verdade absoluta.

Sócrates ensinou a fazer perguntas. Por exemplo, se ele indagasse coisas como: O que é amizade? Se os seus discípulos respondessem que se tratava de uma virtude, Sócrates retrucava: mas o que é uma virtude? E assim sucessivamente. Quer dizer, a cada resposta ele formulava uma nova pergunta.

É esse espírito de investigação que precisamos ter. Sócrates queria buscar o significado das palavras e fazer as pessoas pensarem sobre ele.

Por esse motivo, caro leitor, estamos insistindo no conhecimento da própria ignorância, a fim de adquirirmos o autodesenvolvimento e a aprendizagem.

4

A imagem do outro em mim

GANHOU CIDADANIA, HÁ MUITO tempo, uma pronúncia que por si mesma já denota a petulância dos que a emitem: "Eu olho para uma pessoa e, de imediato, eu a identifico, vejo logo os seus defeitos".

Se observarmos bem, esse enunciado é tão óbvio, posto que só se pode ver nos outros aquilo que temos em nós. Só se pode identificar uma coisa que nos é familiar.

Quer acreditemos ou não, o outro sou eu. Seja no campo da bondade ou da maldade.

Aliás, a psicologia explica essa dualidade do ser humano ao estudar o seu psiquismo. Quando oferecemos amor, devotamento, carinho e assistência, nossa ótica modifica-se completamente. Isso porque fomentará que olhemos sempre o lado positivo das pessoas.

Não foi por outra razão que o renomado autor do maravilhoso livro *O pequeno príncipe*, o escritor francês Antoine de Saint-Exupéry, escreveu a belíssima frase: "Uma maneira de ser feliz é ver sempre o lado bom das coisas".

Acredito que colocando sol e poesia em nossos pensamentos e atos, a nossa existência será bem mais suave e plena.

A proposta do Divino Mestre Jesus é que nos amemos uns aos outros. Que vivamos, verdadeiramente, como irmãos e que façamos a outrem o que gostaríamos que fizessem conosco.

Essa é uma das regras de ouro do seu admirável Evangelho.

Acabemos com as discussões acirradas, com a competição infeliz e as difamações dolorosas.

Se nos conscientizarmos de que a nossa existência neste lindo planeta é tão curta, não perderíamos tanto tempo em valorizar as coisas negativas, tantos momentos amargos e cheios de ressaibos de amargura que podemos facilmente saltar.

A vida tem uma finalidade precípua e solicita-nos que aprendamos a conjugar dois verbos: servir e amar.

Vendo no outro o sentimento de amor e fraternidade que poderemos explorar, viveremos em um clima de paz permanente.

Somos todos filhos do Pai amoroso e justo, que nos criou para a felicidade e o progresso. Aprendamos, pois, a enxergar, no outro, um irmão de caminhada, ajudando-o a seguir na direção da estrada redentora.

Ao outro, portanto, os nossos votos de uma vida cheia de amor e paz, recheada de frutos sazonados de uma existência feliz.

5

A força das palavras

SEM DÚVIDA ALGUMA, AS palavras possuem uma força impressionante.

Dotadas de uma forte energia, criam, em torno de nós, um circuito permanente de ondas positivas ou negativas, que circulam fomentando bem-estar, paz e alegria ou indisposição, irritação e tristeza.

Albert Einstein, o brilhante cientista, autor da Teoria da Relatividade, asseverou que vivemos em um mundo permanente de ondas e vibrações que terminam por atingir-nos, em face da conduta que adotemos.

É muito comum, nos enfrentamentos do cotidiano, pessoas desavisadas — e que se locupletam com as palavras chulas e pejorativas — fazerem afirmações negativas acerca de suas próprias vidas.

Só para termos uma ideia, vejamos algumas dessas infelizes frases: "Eu sou mesmo um desgraçado"; "Nada para mim dá certo"; "Como eu sou infeliz"; "Como minha vida é um inferno"; "Deus devia levar-me deste mundo"...

Estas são algumas frases, dentre milhares que ouvimos diariamente.

Os leitores notaram o peso, a carga energética negativa dessas palavras? Pois, então, que tal modificá-las para afirmações construtivas?

Vejamos: "Eu sou muito otimista"; "Tudo dá certo para mim"; "Como eu sou feliz"; "Como minha vida é rica de bênçãos"; "Deus é muito generoso para comigo".

Perceberam como a coisa muda de figura? Notaram que as afirmações positivas, além de modificarem a situação, tornam-nos mais leves, mais felizes?

Aprendamos a viver com sabedoria e aproveitando bem o patrimônio das horas.

Enunciadas as palavras, sejam negativas ou positivas, elas ficam como que registradas no espaço.

Quando você começa a pensar e sentir da maneira certa, as consequências inevitáveis são paz de espírito e corpo saudável.

Podemos ser beneficiados cultivando o hábito salutar, diariamente, de fazermos afirmações positivas em todos os setores da nossa vida.

Afinal, cultivar a alegria, o sorriso, o bom humor, é uma das técnicas mais eficazes para todos aqueles que desejarem uma vida plena.

Portanto, acostume-se a fazer afirmações positivas. Só depende de você.

6

Ação do pensamento

DIANTE DE QUALQUER COISA que afirmemos mentalmente e sintamos ser exato, um mecanismo da consciência aceitará e trará à tona em suas manifestações.

Nós temos o hábito infeliz de sempre estarmos a nos queixar da vida.

Queixamo-nos do trabalho, da família, dos amigos, da política, do tempo, enfim, queixamo-nos de tudo e de todos.

Existe uma técnica que podemos utilizar e que muito irá nos ajudar não só na tomada de decisões, mas, sobretudo, no modo de acabar com as costumeiras queixas.

Psiquiatras eminentes como Freud e Jung valeram-se largamente, da autossugestão. A autossugestão significa sugerir algo definitivo e específico a si próprio. Ela pode ser usada para expulsar vários temores e outros condicionamentos negativos.

Vejamos um exemplo simples e que ocorre diariamente: Você irá submeter-se a uma entrevista, a fim de ser inserido no mercado de trabalho. Sabe que o desemprego é o grande fantasma que ronda as pessoas e deseja ardentemente ser contratado.

No momento em que se dirige para o local da entrevista, um sentimento de medo e ansiedade desmedida o assalta, fazendo com que uma série de ideias ruins tome conta de você.

Pensamentos do tipo: Eu sei que não vou conseguir. Existem pessoas bem mais preparadas do que eu. Eu já vi esse filme antes, irão engavetar o meu currículo, e a vaga será de outro...

Pare!

A sugestão pode ser utilizada para disciplinar-nos e controlar-nos. Em sua forma construtiva, a sugestão é uma coisa maravilhosa e espetacular. Contudo, quando damos guarida a pensamentos negativos, é um dos mais destruidores padrões de reação da mente, causando miséria, fracasso, sofrimento, doença e desastre.

É isso o que você quer para a sua vida? Você deseja ser uma pessoa que só sintoniza com o fracasso, a derrota, o sofrimento?

Não é mais aceitável a ideia que anula o ser humano a nada ou a situações deploráveis. Precisamos nos conscientizar de que é absurdo achar que somos incapazes, ver-nos menos do que realmente somos.

Uma nova mentalidade deve viger em nossas ações, despertar por completo para uma vida melhor, mudando os nossos paradigmas ou modos de pensar.

A nossa linha de pensamento deve ser a da certeza da vitória real, que está ao alcance de todos os que anelam por consegui-la, bastando, para o mister, o trabalho constante e ininterrupto e lograremos êxito.

Use e abuse da autossugestão, fazendo afirmações positivas.

Lembre-se: Você tem que dar o seu consentimento mental, tem de nutrir o seu pensamento.

7

Preenchendo as lacunas da existência

EFETIVAMENTE, NÃO HÁ MOTIVOS para tantas queixas. Se observarmos as grandes tragédias que se abatem todos os dias em diversos lugares do planeta, veremos o quanto somos felizes e o quanto é egoísta a postura que adotamos com os queixumes sem o menor sentido.

A vida é feita de etapas e, após superada uma fase, outra se apresenta, desafiando-nos e impondo-se como testes para a avaliação das nossa forças.

Chico Xavier, o doce e amorável médium de Uberaba, considerado a maior antena paranormal do século XX, em uma de suas sábias colocações, teve oportunidade de dizer "que nós dramatizamos, demasiadamente, as nossas dores."

É uma grande verdade. Em face dos dolorosos dramas de pessoas que perderam seus familiares em enchentes, crimes, acidentes e outras partidas traumatizantes, os problemas que nos ocorrem são pequeninas alfinetadas.

Existem pessoas que afirmam que lhes falta algo, que

possuem uma existência sem sentido, vazia. Como preencher, então, as lacunas da existência dessas pessoas?

Visitas a asilos, creches, hospitais, presídios e lugares, onde a dor de fato existe, é um excelente antídoto para as queixas.

As pessoas dadas a lamúrias e que se comprazem em maldizer a sorte deveriam se permitir a tais programas, a fim de realizarem uma avaliação de suas vidas.

Afinal, o que essas pessoas têm na cabeça?

O cérebro é composto por cerca de 100 bilhões de células nervosas, conectadas umas às outras e responsáveis pelo controle de todas as funções mentais.

Sugerimos aos queixosos que ponham o cérebro para funcionar em favor da beleza da vida, da poesia, do amor, do agradecimento.

Preencha os supostos vazios – se é que existem – com um hino de louvor à vida e a Deus. Agindo assim, os pensamentos desairosos não terão guarida, e perceberás o quanto você é feliz.

Irmã Dulce, Madre Teresa de Calcutá, Mohandas Gandhi, Chico Xavier, dentre outros, preencheram as suas horas no serviço ativo no bem, enobrecendo as suas existências com gestos de amor e acolhimento ao próximo, consoante ensina-nos o Evangelho de Jesus.

Quantas lacunas nós podemos preencher trabalhando por nossa ascensão!

Aprendamos, portanto, a trabalhar em favor da comunidade a que somos chamados a servir e constataremos, sem a menor sombra de dúvidas, que todos os espaços que porventura tenhamos ociosos, podem e devem ser ocupados com tarefas edificantes.

Trabalhemos, portanto!

8

Conhecimento

Conhecer como cada coisa funciona, como são os mecanismos e os meios que permitem dar vida e movimento a objetos, animais e ao próprio ser humano é uma maravilha.

VOCÊ JÁ PAROU PARA analisar, principalmente, como é que funciona a máquina do seu corpo?

Já teve alguma curiosidade para pesquisar como é o processo mental, respiratório, cardíaco, enfim, toda essa engenharia divina que é a anatomia humana?

Vamos realizar, portanto, uma rápida análise do coração, que é um órgão mais que perfeito. Ademais, sendo ele o centro do aparelho circulatório, forma assim, um grandioso sistema fechado de vasos sanguíneos.

Através de um bem elaborado circuito de vasos, o coração é o responsável pelo bombeamento do sangue para todo o corpo.

Levando oxigênio e outras substâncias vitais para todos os tecidos, além de remover resíduos, o sangue que sai do coração exerce um poderoso agente filtrador, que assepsia o nosso interior.

Em 500 a.C., Hipócrates, médico e filósofo grego, considerado o pai da Medicina, já afirmava que as emoções estão ligadas à saúde. Eminentes cientistas vêm pesquisando exaustivamente as considerações feitas pelo filósofo grego, demonstrando que as emoções, sobretudo a carga de estresse e os sentimentos negativos, podem desencadear doenças.

Nesses estudos, os cientistas relacionam o estresse com a hipertensão e as doenças do coração.

Dados convincentes sugerem que o medo crônico, a vida desajustada, a ansiedade, a solidão e a depressão podem ser letais para pessoas com doenças do coração.

A sugestão é que se procure ter uma vida saudável, utilizando-se de boa alimentação, descanso, exercícios e alegria de viver.

A ingestão de frutas e verduras (hortaliças, tubérculos e outros ingredientes nutritivos) oferecerá ótima qualidade de vida.

As caminhadas ao ar livre nos campos, bosques, praias e o hábito salutar dos bons pensamentos combaterão qualquer doença no corpo somático.

Aumente a sua rede de contatos, a fim de usufruir de amizades novas que lhe possam ensejar troca de experiências.

Estudos mostram que pessoas que têm amplas relações sociais e contatos com amigos, vizinhos, parentes, colegas de serviço, possuem menor incidência de doenças dos que aqueles que vivem num ambiente restrito de relacionamentos.

Assim sendo, cuide bem desse seu grande amigo do peito – o coração.

9

Planeta Terra

NO CAPÍTULO III DE *O Evangelho segundo o Espiritismo*, item 14, 291ª edição - IDE, está inserta uma bela mensagem de Santo Agostinho, ditada em Paris, 1862. Convido o caro leitor a ler esta pérola, refletindo em seguida.

A Terra fornece, pois, um dos tipos de mundos expiatórios, cujas variedades são infinitas, mas que têm por caráter comum servir de lugar de exílio aos espíritos rebeldes à Lei de Deus.

Aí esses espíritos têm que lutar, ao mesmo tempo, contra a perversidade dos homens e contra a inclemência da Natureza, duplo e penoso trabalho que desenvolve, a uma só vez, as qualidades do coração e as da inteligência.

É assim que Deus, em Sua bondade, faz reverter o próprio castigo em proveito do progresso do espírito.

Como podemos depreender da mensagem acima, o planeta que nos serve de domicílio, está passando pelo tão aguardado momento de regeneração.

A nossa responsabilidade, enquanto moradores de passagem por este maravilhoso orbe é muito grande, posto que nos cabe mantê-lo em condições de se viver em paz e em harmonia com todos e, não raro, com a própria natureza.

Nos últimos 20 anos temos assistido a escalada progressiva de tragédias e sofrimentos engendrados pelas enchentes, tsunâmis, furacões, terremotos e outros abalos naturais, que sempre deixam alarmantes saldos de vítimas.

Não há castigo de Deus, como querem alguns impingir-nos, em suas assertivas equivocadas. Aliás, o nosso Pai de bondade e de justiça, Criador de todas as coisas, jamais, em época alguma, castigou os Seus filhos.

Infelizmente, as calamidades que estamos assistindo é uma resposta da Natureza, em face da agressão humana ao ecossistema, destruindo as matas, desviando o curso dos rios levianamente, acabando com a fauna e a flora, rica de beleza e cor. Podemos dizer que é um clamor de protesto por não aguentar mais tantos desmandos e crimes ambientais!

A nossa contribuição para com a instauração do ambiente de regeneração em nosso planeta deve ser dinâmica e contínua. Não há mais lugar para crimes, corrupção, genocídios, guerras e outras posturas beligerantes em nosso belo planeta.

Vamos cooperar com as campanhas contra o desperdício de água, de energia, de maus-tratos para com os animais.

Diminuamos a carga de rebeldia que ainda jaz ínsita em nós, de maneira a que o belo, a estesia, o amor e a paz encontrem guarida em nossa moradia, mas, sobretudo, em nossos corações.

Vamos sanear os nossos pensamentos e as nossas atitudes, para que, a seu turno, tenhamos um mundo mais respirável, mais ameno, mais feliz.

10

Resolva-se

A MITOLOGIA GREGA INFORMA a respeito de Sísifo, o rei de Corinto. Conforme sabemos, Sísifo resolvia os seus problemas criando outros, metendo-se nas mais conflitantes situações.

Por haver revelado a Azopo, o rei mitológico das águas que fora Zeus, o deus dos deuses, quem raptara Égina, a sua filha, depois de uma série de perseguições, Sísifo foi condenado a rolar uma pedra montanha acima, como castigo pela delação.

Esse castigo vem ocorrendo até os dias de hoje, já que, quando Sísifo logra colocar a pedra no alto da montanha, ela escorrega das suas mãos e volta à base, fazendo-o recomeçar tudo novamente.

A psicologia classificou essa mitologia como sendo o Complexo de Sísifo. Aquela pessoa que nunca termina o que faz. Somos pessoas que não resolvemos, como deveríamos, os nossos problemas. Solucionamos uma dificuldade gerando outra; equacionamos um problema criando outro. Estamos sempre criando problemas.

Todos nós estamos na Terra e temos problemas. Contudo, não devemos nos esquecer, diz o iluminado espírito Emmanuel, mentor do querido Chico Xavier, "que os problemas são agentes da nossa vida, mas não devem ser condutores dela."

Os problemas da economia, do trabalho, do lar, da afetividade devem ser resolvidos com parcimônia, inteligência, calma, sabedoria.

Muitas vezes as decisões aligeiradas que tomamos impensadamente, leva tudo a perder devido a um momento de irreflexão.

A palavra rude, descortês, que maltrata e humilha, irá redundar numa atitude de revide, gerando desconforto e agressão de ambos os lados.

O título deste capítulo – *Resolva-se* – infere que devemos usar a medida justa em todas as coisas. Resolver-se por ser equilibrado; Resolver-se por ser honesto; Resolver-se por ser sereno; Resolver-se por ser pacífico; Resolver-se por ser bondoso; Resolver-se por ser decidido. Tudo pode ser resolvido em clima de diálogo e de respeito mútuo.

Afinal, Deus, a inteligência suprema e causa primária de todas as coisas, conforme resposta elucidativa dos espíritos superiores a Allan Kardec, na questão de número 1 de *O Livro dos Espíritos*, deu-nos o devido discernimento para tudo resolver com amabilidade e doçura.

Ao invés de criar tantos problemas, solucionemos, agindo com amor.

11

Hábitos salutares (I)

GOSTAR DE LER, ALÉM de permitir que façamos deliciosas viagens, enriquece o nosso vocabulário e facilita no desenvolvimento de belíssimas redações.

Não foi por outra razão que João XXIII (1881-1963), papa italiano, em um de seus Dez Mandamentos, citados no livro *Mistérios da alma*, do psicanalista carioca Luiz Alberto Py, afirmou as sábias palavras:

Só por hoje dedicarei 10 minutos do meu tempo a uma boa leitura, lembrando-me de que, assim como é preciso comer para sustentar meu corpo, a leitura é necessária para alimentar a vida de minha alma.

Da mesma forma, Carlos Drummond de Andrade (1902-1987), poeta mineiro, citado no livro *Ler faz bem à alma*, de Donizeti Costa (Butterfly Editora), asseverou com grande propriedade:

A leitura é uma fonte inesgotável de prazer mas, por incrível que pareça, a quase totalidade não sente esta sede.

Fazendo um paralelo com as duas colocações acima, podemos afirmar que "10 minutos de sede" por dia são suficientes para estimular o gosto pela leitura.

O célebre cantor e compositor alagoano, Djavan, em uma de suas canções, teve oportunidade de assinalar: *Um dia frio, um bom lugar pra ler um livro...* Assim, o cantor convida-nos a esse deleite sem igual, que podemos desfrutar em qualquer lugar.

Se estivermos em uma fila de supermercado, de ônibus, em um gabinete de atendimento médico, odontológico ou simplesmente à espera de alguém, sempre tenha um livro, uma revista, um jornal ao alcance das mãos.

Durante a leitura você estará interagindo, em pensamento, com as ideias do autor, facultando ser um formador de opiniões, concordar ou discordar do texto.

A leitura dilata os nossos horizontes, abre-nos a mente a ideias novas, nos faz pensar, refletir.

Com toda a tecnologia de ponta de que desfrutamos a cada dia, com o avanço da informática que ganha espaços no mundo, mesmo assim, nada substituirá o livro.

O livro sempre teve o seu lugar e ocupará sempre, pois, jamais será algo obsoleto.

E para concluir o meu pensamento, deixo, para o caro leitor, algumas pérolas literárias e o nome dos seus respectivos autores.

O livro é um mudo que fala, um surdo que responde, um cego que guia, um morto que vive. – Antonio Vieira

Os livros nos dão conselhos que os amigos não se atreveriam a dar-nos. – Samuel Smiles

Um país se faz com homens e livros. – Monteiro Lobato

O livro é uma extensão da memória e da imaginação. – Jorge Luis Borges

Livros são os mais silenciosos e constantes amigos; os mais acessíveis e sábios conselheiros; e os mais pacientes professores. – Charles W. Elliot

Os livros são o abençoado clorofórmio do espírito. – Robert Chambers

É claro que meus filhos terão computadores, mas antes terão livros. – Bill Gates

12

Hábitos salutares (II)

Utilizar-me-ei de três citações, a fim de analisar a beleza da música.

"Eu gostaria, irmão, que pegasses escondido uma cítara e que nela tocasses uma boa música para distrair um pouco meu irmão corpo, que está cheio de dores." Francisco de Assis (1181/82-1226), religioso italiano.

"Entre as graças que devemos à bondade de Deus, uma das maiores é a música. Música má não existe." Miguel de Unamuno (1864-1936), educador e filósofo espanhol.

"A música une a vida espiritual à dos sentidos." Ludwig van Beethoven (1770-1827), compositor alemão.

O LEITOR AMIGO JÁ imaginou a vida sem música? Teria sabor os nossos dias sem o maravilhoso deleite de escutarmos um bom samba, jazz, blues, rock, MPB, músicas clássicas e outros gostos?

De fato, a música possui arte, poesia, beleza. Refiro-me à boa música. Aquela que contém letra, melodia, graça.

Conforme citei no capítulo anterior acerca da leitura, podemos concordar ou não com o pensamento de um autor. E utilizando-me dessa prerrogativa, faço-o agora, pois não concordo com o Miguel de Unamuno, quando ele afirma que música má não existe.

Infelizmente sou forçado a discordar, em face do péssimo mau gosto musical que tem surgido nos últimos anos. E por incrível que pareça, chamam de música.

Temos ouvido, ao invés de melodia, muito barulho. No lugar de letras que nos falem fundo ao coração, um punhado de frases desconexas e sem sentido. Aonde deveria existir harmonia, um convite à desordem e à agressividade.

Aliás, Tom Jobim, ao visitar Villa Lobos, encontrou-o tocando vários instrumentos ao mesmo tempo. Intrigado, perguntou ao mestre se aquilo não o perturbava. Ao que Villa Lobos respondeu:

— Meu filho, o ouvido interno nada tem a ver com o externo. A boa música proporciona bem-estar, reflexão, alegria. Ao ouvi-la, é como se o espírito fosse transportado a lugares mágicos e coloridos. E enche-nos de pura estesia e vontade de viver.

Claro que existem exceções, pois há momentos para tudo. Compreendo que num final de semana junto com os amigos e familiares, acompanhando deliciosa feijoada, um bom samba de roda tem o seu lugar.

Em meio a situações que requeiram um som um pouco mais agitado, o rock é uma boa pedida. Contudo, nunca é demais dizer: sem álcool e sem drogas, é óbvio.

Apreciando o pôr do sol, a beleza do mar ou simplesmente passeando por um campo verdejante, a música clássica é a ideal.

O velho adágio popular afirma que gosto não se discute. Entretanto, aprender a ter bom gosto é fundamental.

Peço licença para elencar aqui alguns dos compositores

da minha preferência, que cantam e encantam aqueles que os escutam. Vejo, nesses cantores, a boa música e o deleite que eles nos proporcionam.

João Gilberto, Chico Buarque, Caetano Veloso, Gilberto Gil, Roberto Carlos, Gal Costa, Maria Bethânia, Raul Seixas, Zé Ramalho, Tom Jobim, Nelson Gonçalves, Altemar Dutra, Orlando Silva, Carlos Galhardo, Dorival Caymmi, Riachão, Villa Lobos, dentre outros.

E no tocante à música clássica, todos os compositores.

Aprendamos a ter bom gosto e a apreciar a arte da música.

Anexo III

Prece e poesia

(Prece de Joseval Carneiro e psicografia de Terezinha Menezes Café)

Prece e reflexão

Pai Nosso,

Se nos isolamos em nós mesmos, deixando o egoísmo predominar na matéria, pouco adianta dizer: Pai Nosso!

Que estais nos céus...

Se somente damos valor às coisas terrenas, de que adianta pronunciar: Que estás nos céus

Glorificado seja o vosso nome.

Se apenas receamos os rigores da Lei Divina, por medo, temor reverencial e acomodação, pouco adianta falar: Glorificado seja o vosso nome.

Venha a nós o vosso reino

Se temos dúvidas dos reais valores que encontraremos no porvir, de que nos serve alegar: Venha a nós o vosso reino!

Seja feita a vossa vontade, assim na Terra como nos céus.

Se no fundo, no fundo, desejamos mesmo que os nossos desejos se realizem, seria inútil dizer: Seja feita a vossa vontade, assim na Terra como nos céus.

O pão nosso de cada dia, dai-nos, Senhor!

Se me apego aos valores materiais, ignorando o sofrimento alheio, de que adiantaria rogar: O pão nosso de cada dia, dai-nos, Senhor!

Perdoai as nossas ofensas, assim como nós perdoamos aos que nos têm ofendido.

Se não me importo em ferir e ofender, injustiçar, prejudicar, oprimir, magoar, de que me serve pedir: Perdoai as nossas ofensas, assim como nós perdoamos aos que nos têm ofendido.

Não nos deixeis cair em tentação

Se elejo sempre o caminho mais fácil, renegando os tortuosos, as experiências difíceis, de que nos serve bradar: Não nos deixeis cair em tentação.

Livrai-nos do mal

Se por livre escolha busco o prazer imediato e material, acalentando desejos reprováveis, por que angariar ajuda para livrar-nos do mal...

Amém!

Se me entendendo e confessando assim, persisto sem esforço para modificar-me, inútil é afirmar: Amém.

Nova Era*

Castro Alves

Ó alvorada, te pressinto o despertar!
Porque do céu, as estrelas se foram
Livre, a juriti gorjeia lá no galho
E as espigas beijadas pelo orvalho,
Banhadas à luz do sol, se doiram!

A brisa suave passa a carregar,
Na leveza das asas cristalinas,
O canto que anuncia a primavera.
E o coro dos arcanjos, na esfera
Desta Terra, Nova Era descortina!

E, como ave em solo ressequido,
Ausculta no infinito a arribação,
Dominando o homem, a violência,
O mundo aparvalhado grita urgência
Clamando, ao Senhor Deus, a salvação!
O monstro da guerra espalha o gemido

Entre irmãos consumidos na maldade
E essa bola furiosa,
A prepotência, que urdia, envenenou
O homem que persegue a liberdade!

O emissário prometido por Jesus,
Há muito tempo o véu já desvendou
Nos clarins que ressoam em alerta.
Nas luzes da verdade que liberta
Na doutrina que Kardec decantou!

Espiritismo que consola e conduz
Dissecando a verdade à luz da razão
Da ciência de amor que sempre atua
Comprovando que a vida continua
Na grandeza da lei - Reencarnação!

A ingenuidade que tenta te negar,
Anulando com certeza o próprio eu
Pois não se aceitando como espírito,
Nem acredita a sua alma no seu grito,
Nem percebe a luz que vem de Deus!

Mas, um dia, vai à tumba repousar,
Da morte essa cruel devastadora,
Percebendo o remorso, a inconsequência,
Despertando da letargia, a consciência
Num chamamento à trilha redentora!

E, vendo o triste orgulho descambado,
Pela fúria da tenebrosa fera
Buscando na doutrina da verdade
O caminho que leva à liberdade
No augusto lampejo de uma Nova Era.

(*) Poesia recebida às 05h30, na viagem de Salvador a Teresina, no dia 16/10/1992, pela médium Terezinha Menezes Café, atribuída ao espírito do poeta baiano Antônio Castro Alves.

Você precisa conhecer:

O EVANGELHO É UM SANTO REMÉDIO

Joseval Carneiro

Autoajuda • 14x21 cm • 184pp.

De forma leve e didática, o autor nos brinda com relatos de curas maravilhosas, informações sobre plantas medicinais e lições de como agir perante as vicissitudes da vida. Tal é a importância dos ensinamentos aqui contidos que a presente obra se transformou em livro de cabeceira de todo aquele que deseja viver de forma plena e feliz.

A VINGANÇA DO JUDEU

Vera Kryzhanovskaia • John Wilmot Rochester (espírito)

Romance mediúnico • 16x22,5 cm • 424pp.

O clássico romance de Rochester agora pela EME, com nova tradução, retrata em cativante história de amor e ódio, os terríveis fatos causados pelos preconceitos de raça, classe social e fortuna e mostra ao leitor a influência benéfica exercida pelo espiritismo sobre a sociedade.

GETÚLIO VARGAS EM DOIS MUNDOS

Wanda A. Canutti • Eça de Queirós (espírito)

Romance mediúnico • 16x22,5 cm • 344pp.

Getúlio Vargas realmente suicidou-se?
Como foi sua recepção no mundo espiritual?
Qual o conteúdo da nova carta à nação, escrita após sua desencarnação?
Saiba as respostas para estas e outras perguntas.

Não encontrando os livros da EME na livraria de sua preferência, solicite o endereço de nosso distribuidor mais próximo de você através de
Fones: (19) 3491-7000 / 3491-5449
(claro) 99317-2800 (vivo) 99983-2575 (WhatsApp) 99983-2575
E-mail: vendas@editoraeme.com.br – Site:www.editoraeme.com.br